사자의 꿈

LION'S HONEY
by David Grossman

Copyright © 2006 by Canongate Books Ltd.
Korean Translation Copyright © 2006 by Munhakdongne Publishing Corp.

This Korean edition is published by arrangement with
Canongate, Inc. through Shinwon Agency.
All Rights Reserved.

Series art direction and design © Pentagram
Cover illustration: Shonagh Rae
All Rights Reserved.

이 책의 한국어판 저작권은 신원 에이전시를 통해
Canongate 출판사와 독점 계약한 (주)문학동네에 있습니다.
저작권법에 의해 한국 내에서 보호를 받는 저작물이므로
무단 전재 및 무단 복제를 금합니다.

이 도서의 국립중앙도서관 출판시도서목록(CIP)은
e-CIP홈페이지(http://www.nl.go.kr/cip.php)에서 이용하실 수 있습니다.
(CIP제어번호 : CIP2006001586)

사자의 꿀

삼손 이야기
데이비드 그로스먼 지음 | 정영목 옮김

LION'S
HONEY

문학동네

일러두기

1. 저자의 주는 1) 2) 3) …으로, 옮긴이의 주는 * ** *** …으로 표기하였다.
2. 성경의 번역은 표준새번역을 따랐다. 그러나 본문에 들어가서는 본서의 문맥에 맞게 수정한 곳도 있다.

차례

사사기 13~16장 ··· 007

머리말 ··· 029

사자의 꿀 ··· 033

주 ··· 173

옮긴이의 말 ··· 181

사사기
13 ~ 16장

사사기 13장

 이스라엘 자손이 다시, 주께서 보시는 앞에서 악한 일을 저질렀다. 그래서 주께서는 그들을 사십 년 동안 블레셋 사람들의 손에 넘겨주셨다.
 그때에 소라 땅에 단 지파의 가족 가운데 마노아라는 사람이 있었는데, 그의 아내는 임신할 수 없어서 자식을 낳지 못하였다.
 주의 천사가 그 여인에게 나타나 말하였다. "보아라, 네가 지금까지는 임신할 수 없어서 아이를 낳지 못하였으나, 이제는 임신하여 아들을 낳게 될 것이다.

그러므로 이제부터 조심하여, 포도주나 독한 술을 마시지 말아라. 부정한 것은 어떤 것도 먹어서는 안 된다.

네가 임신하여 아들을 낳을 것인데, 그 아이의 머리에 면도칼을 대어서는 안 된다. 그 아이는 모태에서부터 이미 하나님께 바쳐진 나실 사람이기 때문이다. 바로 그가 블레셋 사람의 손에서 이스라엘을 구하는 일을 시작할 것이다."

여인은 곧바로 남편에게 가서 말하였다. "하나님의 사람이 나에게 오셨는데, 그분의 모습이 하나님의 천사의 모습과 같아서, 너무나 두려웠습니다. 그래서 나는 그분이 어디서 오셨는지 감히 묻지도 못하였고, 또 그분도 나에게 자기 이름을 일러주지 않았습니다.

그런데 그분이 내게 말하기를, 내가 임신하여 아들을 낳을 것이니, 이제부터 포도주와 독한 술을 마시지 말고, 부정한 것은 어떤 것도 먹어서는 안 된다고 말했습니다. 그 아이는 모태에서부터 죽는 날까지 하나님께 바쳐진 나실 사람으로 살아야 하기 때문이라고 했습니다."

이 말을 듣고 마노아가 주께 기도드렸다. "주님, 우리에게 보내셨던 하나님의 사람을 우리에게 다시 오게 하셔서, 태어날 아이에게 어떻게 하여야 할지를 우리에게 가르치게 하여 주십시오."

 주께서 마노아의 기도를 들어주셔서, 주의 천사가 다시 여인에게 왔다. 그때에 그 여인은 밭에 앉아 있었는데, 남편 마노아는 아내와 함께 있지 않았다.

 그래서 그 여인은 급히 달려가 남편에게 말하였다. "와보세요. 저번에 나에게 오셨던 그분이 지금 나타나셨어요."

 마노아는 일어나 곧 아내를 따라가서, 그 사람에게 이르렀다. 마노아가 그를 보고서, 저번에 자기의 처에게 말하던 그분이냐고 물었다. 그가 그렇다고 대답하자,

 마노아는 그에게, 지난번에 한 그 말이 이루어질 때에, 그 아이가 지켜야 할 규칙은 무엇이며, 또 그 아이가 할 일은 무엇이냐고 물었다.

 주의 천사가 마노아에게 일러주었다. 주의 천사가 마노아의 아내에게 일러준 모든 것을 그 아이가 지켜야 하고,

 마노아의 아내는 포도나무에서 나는 것은 어떤 것도 먹어서는 안 되고, 포도주와 독한 술을 마시지 않아야 하며, 부정한 것은 어떤 것도 먹어서는 안 되고, 주의 천사가 마노아의 아내에게 명령한 모든 것을 마노아의 아내가 지켜야 한다고 말해주었다.

그러자 마노아가 주의 천사에게, 새끼 염소를 한 마리 잡아 대접할 터이니, 잠시 기다려달라고 하였다.

그러나 주의 천사는 마노아에게, 기다리라면 기다릴 수는 있으나 음식은 먹지 않겠다고 하면서, 마노아가 번제를 준비한다면, 그것은 마땅히 주께 드려야 할 것이라고 말하였다. 마노아는 그가 주의 천사라는 것을 전혀 알지 못하였다.

그래서 마노아가 또 주의 천사에게, 이름만이라도 알려주면, 말한 바가 이루어질 때에 그에게 그 영광을 돌리고 싶다고 하였다.

그러나 주의 천사는 어찌하여 그렇게 자기의 이름을 묻느냐고 나무라면서 자기의 이름은 비밀이라고 하였다.

마노아는 새끼 염소 한 마리와 곡식예물을 가져다가, 바위 위에서 주께 드렸다. 주께서는 마노아와 그의 아내가 보고 있는 데서 신기한 일을 일으키셨다.

제단에서 불길이 하늘로 치솟자, 주의 천사가 제단의 불길을 타고 하늘로 올라갔다. 마노아와 그의 아내는 이것을 보고, 얼굴을 땅에 대고 엎드렸다.

주의 천사가 마노아와 그의 아내에게 다시 나타나지 않자, 그제야 마노아는 비로소 그가 주의 천사인 줄 알았다.

마노아는 아내에게 말하였다. "우리가 하나님을 보았으니, 우리는 틀림없이 죽을 것이오."

그러자 그의 아내가 그에게 말하였다. "만일 주께서 우리를 죽이려 하셨다면 우리의 손에서 번제물과 곡식 예물을 받지 않으셨을 것이며, 또 우리에게 이런 모든 일을 보이거나 이런 말씀을 하시지도 않으셨을 겁니다."

그 여인이 아들을 낳고서, 이름을 삼손이라고 하였다. 그 아이는 주께서 내리시는 복을 받으면서 잘 자랐다.

그가 소라와 에스다올 사이에 있는 마하네단에 있을 때에, 주의 영이 처음으로 그에게 내렸다.

사사기 14장

삼손이 딤나로 내려갔다가, 딤나에 있는 어떤 블레셋 처녀를 보았다.

그가 돌아와서 자기 부모에게 말하였다. "내가 딤나에 내려갔다가, 블레셋 처녀를 하나 보았습니다. 장가들고 싶습니다. 주선해주십시오."

그러자 그의 아버지와 어머니가 그를 타일렀다. "네 친척이나 네 백성의 딸들 가운데는 여자가 없느냐? 왜 너는 할례도 받지 않는 블레셋 사람을 아내로 맞으려고 하느냐?" 그래도 삼손은 자기 아버지에게 말하였다. "꼭 그 여자를 색시로 데려와주십시오. 그 여자는 첫눈에 내 맘에 쏙 들었습니다."

그의 부모는, 주께서 블레셋 사람을 치실 계기를 삼으려고 이 일을 하시는 줄을 알지 못하였다. 그때에 블레셋 사람이 이스라엘을 지배하고 있었다.

삼손이 부모와 함께 딤나로 내려가서, 딤나에 있는 어떤 포도원에 이르렀다. 그런데 갑자기 어린 사자 한 마리가 으르렁거리며 그에게 달려들었다.

그때에 주의 영이 삼손에게 세차게 내리덮쳤으므로 손에 아무것도 가진 것 없이, 그 사자를 염소 새끼 찢듯이 찢어 죽였다. 그러나 그는 이 일을 부모에게 말하지 않았다.

그는 그 여자에게로 내려가, 그와 이야기를 나누었다. 삼손은 그 여자를 무척 좋아하였다.

얼마 뒤에 삼손은 그 여자를 아내로 맞으러 그곳으로 다시 가다가, 길을 벗어나 자기가 죽인 사자가 있는 데로 가보았더니, 그 죽은 사자의 주검에 벌 떼가 있고 꿀이 고여 있었다.

그는 손으로 꿀을 좀 떠다가 걸어가면서 먹고, 부모에게도 가져다주었으나, 그 꿀이 사자의 주검에서 떠온 것이라고는 말하지 않았다.

그의 아버지는 사돈 될 사람의 집으로 갔다. 삼손은, 신랑들이 장가갈 때 하는 풍습을 따라서, 거기에서 잔치를 베풀었다.

블레셋 사람들이 그를 보자, 젊은이 서른 명을 데려다가 그와 한자리에 앉게 하였다.

그때에 삼손이 그들에게 한 제안을 하였다. "내가 여러분에게 수수께끼를 하나 내려고 하는데, 잔치가 계속되는 이레 동안에 알아맞히어 보시오. 여러분이 알아맞히면 내가 모시옷 서른 벌과 겉옷 서른 벌을 내놓고,

맞히지 못하면 여러분이 나에게 모시옷 서른 벌과 겉옷 서른 벌을 주도록 하는 것이 어떻소?" 그들이 말하였다. "좋소! 어디, 그 수수께끼를 한번 들어봅시다."

그래서 삼손이 그들에게 수수께끼를 내놓았다. "먹는 자에게서 먹는 것이 나오고, 강한 자에게서 단 것이 나왔다." 그러나 그들은 사흘이 지나도록 수수께끼를 풀 수가 없었다.

이레째가 되던 날 그들은 삼손의 아내를 을러대었다. "신랑을 꾀어서, 그가 우리에게 낸 그 수수께끼의 해답을 알아내서 우리에게 알려라. 그러지 않으면 새댁과 새

댁의 친정집을 불살라버리겠다. 우리가 가진 것을 빼앗으려고 우리를 초대한 것은 아니지 않느냐?"

그래서 삼손의 아내는 삼손에게 울며 말하였다. "당신은 나를 미워할 뿐이지, 사랑하지는 않아요. 그러니까 당신이 나의 나라 사람들에게 수수께끼를 내놓고도, 나에게는 해답을 가르쳐주지 않았지요." 삼손이 아내에게 말하였다. "이것 봐요. 내 부모에게도 알려드리지 않았는데, 어떻게 당신에게 말할 수 있겠소?"

그러나 그의 아내는 삼손에게 이레나 계속되는 잔치 기간에 계속 울면서 졸라댔다. 이레째 되던 날 삼손은 드디어 아내에게 수수께끼의 해답을 말해버리고 말았다. 그러자 아내가 그 해답을 자기 나라 사람들에게 알려주었다.

이레째 되던 날 해가 지기 전에 그 성읍 사람들이 삼손에게 말하였다. "무엇이 꿀보다 더 달겠으며, 무엇이 사자보다 더 강하겠느냐?" 삼손이 그들에게 대답하였다. "나의 암소로 밭을 갈지 않았더라면, 이 수수께끼의 해답을 어찌 찾았으랴."

그때에 주의 영이 삼손에게 세차게 내리덮쳤다. 삼손이 아스글론으로 내려가서 그곳 주민 서른 명을 죽이고,

그들에게서 노략한 옷을 가져다가, 수수께끼를 푼 사람들에게 주었다. 그러고는 몹시 화가 나서, 자기 아버지의 집으로 돌아가버렸다.

그러자 삼손의 아내는 삼손의 들러리로 왔던 한 친구의 아내가 되었다.

사사기 15장

　이런 일이 있은 지 얼마 뒤에 밀 추수 때가 되었을 때에, 삼손은 새끼 염소 한 마리를 가지고 아내를 찾아가서, 장인에게 아내의 침실로 들어가게 해달라고 부탁하였으나, 장인은 그가 아내 방에 들어가는 것을 허락하지 않았다.

　그리고 장인은 다른 제안을 하였다. "나는 자네가 그 애를 몹시 미워한다고 생각하고, 자네 친구에게 아내로 주었다네. 사실은 동생이 언니보다 더 예쁘니, 부디 그애를 아내로 삼아주게."

그러자 삼손이 그들에게 "이번만은 내가 블레셋 사람들에게 어떤 손해를 끼친다 해도 나를 나무라지 못할 것이오" 하고 말하면서,

나가서 여우 삼백 마리를 잡아, 꼬리에 꼬리를 서로 비끄러매고는, 그 두 꼬리 사이에 가지고 간 홰를 하나씩 매달았다.

그는 그 홰에 불을 붙여 블레셋 사람의 곡식 밭으로 여우를 내몰아서, 이미 베어 쌓아놓은 곡식가리에 불을 놓았다. 불은 곡식가리뿐 아니라 아직 베지 않은 곡식과 포도원과 올리브 농원까지 다 태워버렸다.

블레셋 사람들은 누가 그렇게 하였는지 알아보았다. 마침내 사람들은, 딤나 사람 곧 삼손의 장인이 삼손의 아내를 빼앗아 들러리 섰던 친구에게 아내로 주었기 때문에, 삼손이 저지른 일임을 알게 되었다. 블레셋 사람들이 딤나로 올라가서, 그 여자와 그 아버지를 불에 태워 죽였다.

그러자 삼손이 그들에게 말하였다. "너희가 이렇게 하였으니, 내가 너희에게 원수를 갚기 전에는 가만히 있지 않겠다."

그는 블레셋 사람들을 닥치는 대로 마구 무찌르고, 내

려가서 에담 바위 동굴에서 쉬고 있었다.

블레셋 사람들이 쳐올라와서 유다 땅에 진을 치고는, 레히 지방을 짓밟았다.

유다 사람들이 그들에게 말하였다. "너희가 무엇 때문에 우리를 치러 올라왔느냐?" 그들이 대답하였다. "삼손을 잡으러 왔다. 삼손이 우리에게 한 대로, 우리도 그에게 갚아주겠다."

그래서 유다 사람 삼천 명이 에담 바위 동굴에 내려가서 삼손에게 말하였다. "블레셋 사람들이 우리를 지배하고 있다는 것을 너는 잘 알지 않느냐? 그런데 어찌하여 우리에게 이런 일이 미치게 하였느냐?" 삼손이 그들에게 대답하였다. "그들이 나에게 한 대로 나도 그들에게 갚아주었을 뿐이오."

그러자 그들이 삼손에게 말하였다. "우리는 너를 묶어 블레셋 사람들에게 넘겨주려고 왔다." 삼손이 그들에게 말하였다. "그렇다면 나를 죽이지 않겠다고 맹세하시오."

그들은 삼손에게 다짐하였다. "결코 죽이지 않겠다. 우리는 너를 묶어서 그들에게 넘겨만 주겠다. 결코 우리가 너를 죽이지는 않겠다." 그리고 그들은 새 밧줄 두 개로 그를 묶어, 바위 동굴에서 데리고 나왔다.

삼손이 레히에 이르자, 블레셋 사람들이 마주 나오며, 그에게 소리를 질렀다. 그때에 주의 영이 그에게 세차게 내리니, 그의 팔을 동여매었던 밧줄이 불에 탄 삼오라기같이 되어서, 팔에서 맥없이 끊어져 나갔다.

마침 삼손은 싱싱한 당나귀 턱뼈 하나가 있는 것을 보고, 그것을 손에 집어 들고, 블레셋 사람을 천 명이나 쳐죽이고 나서,

이렇게 외쳤다. 나귀 턱뼈 하나로 주검을 무더기로 쌓았다. 나귀 턱뼈 하나로 천 명이나 쳐죽였다.

이렇게 외치고 나서, 삼손은 손에 든 턱뼈를 내던지고, 그곳 이름을 라맛레히*라고 불렀다.

삼손은 목이 너무 말라서 주께 부르짖었다. "주께서 친히 이 크나큰 승리를 주의 종의 손에 허락하셨습니다. 그런데 이제 제가 목이 타서 저 할례받지 못한 자들의 손에 붙잡혀 죽어야 하겠습니까?"

하나님이 레히에 있는 한 우묵한 곳을 터지게 하시니, 거기에서 물이 솟아나왔다. 삼손이 그 물을 마시자, 제정신이 들어 기운을 차렸다. 그래서 그 샘 이름을 엔학고레**

---

* 턱뼈의 언덕이라는 뜻.
** 부르짖는 자의 샘이라는 뜻.

라고 하였는데, 오늘날까지도 레히에 있다.

  삼손은 블레셋 사람들이 다스리던 시대에 이십 년 동안 이스라엘의 사사(士師)로 있었다.

사사기 16장

삼손이 가사에 가서, 창녀를 하나 만나 그의 집으로 들어갔다.

삼손이 거기에 왔다는 말을 들은 가사 사람들은, 그곳을 에워싸고 밤새도록 성문에 숨어 그를 기다렸다. 동이 틀 때를 기다렸다가 그를 죽이려고 생각한 그들은 밤새 가만히 있었다.

그러나 삼손은 밤늦도록 누워 있다가, 밤중에 일어나서 성 문짝을 양쪽 기둥과 빗장째 뽑았다. 그는 그것을 어깨에 메고 헤브론 맞은편 산꼭대기에 올라가, 거기에다 버렸다.

그 뒤에 삼손은 소렉 골짜기에 사는 어떤 여자를 사랑하게 되었는데, 그의 이름은 들릴라였다.

블레셋 사람의 통치자들이 그 여자를 찾아와서 말하였다. "당신은 그를 꾀어 그의 엄청난 힘이 어디에서 나오는지, 그리고 우리가 어떻게 하면 그를 잡아 묶어서 꼼짝 못하게 할 수 있는지 알아내시오. 그러면 우리가 각각 당신에게 은 천백 세겔씩 주겠소."

그래서 들릴라가 삼손에게 물었다. "당신의 그 엄청난 힘은 어디서 나오지요? 어떻게 하면 당신을 묶어 꼼짝 못하게 할 수 있는지 말해주세요."

삼손이 그에게 말해주었다. "마르지 않은 푸른 칡 일곱 매끼로 나를 묶으면, 내가 힘이 빠져서 여느 사람처럼 되지."

그리하여 블레셋 사람의 통치자들이 마르지 않은 푸른 칡 일곱 매끼를 그 여자에게 가져다주었고, 그 여자는 그것으로 삼손을 묶었다.

미리 옆방에 사람들을 숨겨놓고 있다가, 그에게 "삼손, 블레셋 사람들이 당신에게 들이닥쳤어요!" 하고 소리쳤다. 그러나 삼손은 그 밧줄을 불에 탄 삼오라기를 끊듯이 끊어버렸다. 그의 힘의 비밀은 여전히 알려지지 않았다.

그러자 들릴라가 삼손에게 말하였다. "이것 봐요. 당신은 나를 놀렸어요. 거짓말까지 했어요. 무엇으로 당신을 묶어야 꼼짝 못하는지 말해주세요."

삼손이 그에게 말하였다. "한 번도 쓰지 않은 새 밧줄로 나를 꽁꽁 묶으면, 내가 힘이 빠져서 여느 사람처럼 되지."

들릴라는 새 밧줄을 가져다가 그것으로 그를 묶었다. 미리 옆방에 사람들을 숨겨놓고 있다가, 그에게 "삼손, 블레셋 사람들이 당신에게 들이닥쳤어요!" 하고 소리쳤다. 그러나 삼손은 자기 팔을 묶은 새 밧줄을 실오라기 끊듯이 끊어버렸다.

그러자 들릴라가 삼손에게 말하였다. "당신은 여전히 나를 놀리고 있어요. 여태까지 당신은 나에게 거짓말만 했어요! 무엇으로 당신을 묶어야 꼼짝 못하는지 말해주세요." 삼손이 그에게 말하였다. "내 머리칼 일곱 가닥을 베틀 날실에 섞어서 짜면 되지."

그 여자는 그것을 말뚝에 꽉 잡아매고, 그에게 "삼손, 블레셋 사람들이 당신에게 들이닥쳤어요!" 하고 소리쳤다. 그러자 삼손이 잠에서 깨어나 말뚝과 베틀과 천을 뽑아 올렸다.

들릴라가 그에게 또 말하였다. "당신은 마음을 내게 털어놓지도 않으면서, 어떻게 나를 사랑한다고 말할 수가 있어요? 이렇게 세 번씩이나 당신은 나를 놀렸고, 그 엄청난 힘이 어디서 나오는지 아직 나에게 말해주지 않았어요."

들릴라가 같은 말로 날마다 끈질기게 졸라대니까, 삼손은 마음이 괴로워서 죽을 지경이 되었다.

하는 수 없이 삼손은 그에게 속마음을 다 털어놓으면서 말하였다. "나의 머리는 면도칼을 대어본 적이 없는데, 이것이 내가 모태에서부터 하나님께 바쳐진 나실 사람이기 때문이오. 내 머리털을 깎으면, 나는 힘을 잃고 약해져서, 여느 사람처럼 될 것이오."

들릴라는 삼손이 자기에게 속마음을 다 털어놓은 것을 보고, 사람을 보내어 블레셋 사람의 통치자들에게 전하였다. "한 번만 더 올라오십시오. 삼손이 나에게 속마음을 다 털어놓았습니다." 그러자 블레셋 사람의 통치자들이 약속한 돈을 가지고 그 여자에게 올라왔다.

들릴라는 삼손을 자기 무릎에서 잠들게 한 뒤에, 사람

을 불러 일곱 가닥으로 땋은 그의 머리털을 깎게 하였다. 그런 다음에 그를 괴롭혀보았으나, 그의 엄청난 힘은 이미 그에게서 사라졌다.

그때에 들릴라가 "삼손! 블레셋 사람들이 들이닥쳤어요!" 하고 소리쳤다. 삼손은 잠에서 깨어나 '내가 이번에도 지난번처럼 뛰쳐나가서 힘을 떨쳐야지!' 하고 생각하였으나, 주께서 이미 자기를 떠나신 것을 미처 깨닫지 못하였다.

블레셋 사람들은 그를 사로잡아 그의 두 눈을 뽑고, 가사로 끌고 내려갔다. 그들은 삼손을 놋사슬로 묶어, 감옥에서 연자맷돌을 돌리게 하였다.

그러나 깎였던 그의 머리털이 다시 자라기 시작하였다.

블레셋 사람의 통치자들이 그들의 신 다곤에게 큰 제사를 바치려고 함께 모여 즐거워하며 떠들었다. "우리의 원수 삼손을 우리의 신이 우리의 손에 넘겨주셨다!"

백성도 그를 보고 그들의 신을 찬양하며 소리쳤다. "우리 땅을 망쳐놓은 원수, 우리 백성을 많이 죽인 원수를 우리의 신이 우리 손에 넘겨주셨다."

그들은 마음이 흐뭇하여 삼손을 그곳으로 불러다가 자기들 앞에서 재주를 부리게 하라고 외쳤다. 사람들이 삼손을 감옥에서 끌어내었고, 삼손은 그들이 보는 앞에서 재주를 부리게 되었다. 그들은 삼손을 기둥 사이에 세워두었다.

그러자 삼손은 자기 손을 붙들어주는 소년에게 "이 신전을 버티고 있는 기둥을 만질 수 있는 곳에 나를 데려다다오. 기둥에 좀 기대고 싶다" 하고 부탁하였다.

그때에 그 신전에는 남자와 여자로 가득 차 있었는데, 블레셋 사람의 통치자들도 모두 거기에 있었다. 옥상에도 삼천 명쯤 되는 남녀가 삼손이 재주 부리는 것을 구경하려고 모여 있었다.

그때에 삼손이 주께 부르짖으며 간구하였다. "주 하나님, 나를 기억하여 주시기를 간절히 바랍니다. 하나님, 이번 한 번만 힘을 주시기를 간절히 바랍니다. 나의 두 눈을 뽑은 블레셋 사람들에게 단번에 원수를 갚게 하여 주십시오."

그런 다음에 삼손은 그 신전을 버티고 있는 가운데의 두 기둥을, 하나는 왼손으로 또 하나는 오른손으로 붙잡았다.

그리고 그가 "블레셋 사람들과 함께 죽게 하여 주십시오!" 하고 외치며, 있는 힘을 다하여 기둥을 밀어내니,

그 신전이 무너져 내려 통치자들과 모든 백성이 돌더미에 깔렸다. 삼손이 죽으면서 죽인 사람이, 그가 살았을 때에 죽인 사람보다도 더 많았다.

그의 형제들과 아버지의 집안 온 친족이 내려와서 그의 주검을 가지고 돌아가서, 소라와 에스다올 사이에 있는 그의 아버지 마노아의 무덤에 묻었다. 그는 스무 해 동안 이스라엘의 사사로 있었다.

머리말

　모든 유대인 아이는 처음 삼손 이야기를 듣게 되면 바로 그를 '영웅 삼손'이라고 부르기 시작한다. 실제로 삼손은 오랜 세월에 걸쳐 수백 점의 그림, 연극이나 영화, 여러 언어로 기록된 문학 작품에서 대체로 그런 모습으로 제시되었다. 그는 신화적 영웅이자 사나운 전사이며, 맨손으로 사자를 찢어발긴 사람이며, 블레셋 사람들과 싸운 전쟁에서 유대인의 카리스마 넘치는 지도자였으며, 헤브라이어 성경 전체에서도 의심할 바 없이 가장 맹렬하고 화려한 인물로 꼽힐 만한 사람이었다.

　그러나 내가 나의 성경의 몇 페이지에서, 그러니까 사사기 13장부터 16장에서 읽어낸 삼손은 그런 익숙한 삼손의 모습과 크게 어긋난다. 나의 삼손은 용감한 지도자도 아니고(사실 그는 실제로 그의 민족을 지도한 적이 없다), 하나님의 나실 사람도 아니고(그는 매춘부를 찾아다니며 육욕에 탐닉한 사람이었다는 사실을 인정할 수밖에 없다), 단순한 근육질의 살인자도 아니다. 나에게 삼손의 이야기는 무엇보다도 자신에게 부과된 엄청난 운명─그는 이 운명을 결코 실현할 수 없었으며, 또 완전히 이해하지도 못했던 것 같다─에 적응하려고 끝도 없이 몸부림치며 평생을 보낸 사람의 이야기다. 자신의 아버지와 어머니에게 낯선 존재로 태어난 아이의 이야기다. 부모의 사랑, 나아가 사랑 자체를 얻으려고 쉼 없이 갈망하였으나 결국 얻지 못하고 마는 숭고한 장사(壯士)의 이야기다.

성경에 나오는 이야기 가운데 극적 긴장감과 다채로운 사건, 번득이는 서사와 생생한 감정에서 삼손의 이야기에 비길 만한 것은 거의 없다. 사자와 벌인 전투. 불이 붙은 여우 삼백 마리. 잠자리를 함께한 많은 여자들과 유일하게 사랑한 여자. 어머니로부터 들릴라까지 인생의 모든 여자로부터 당한 배신. 그리고 마지막에는 자신과 블레셋 사람 삼천 명 위로 집을 무너뜨려 저지른 살인.

그리고 동시에 자살. 그러나 거친 충동, 혼돈, 소란 너머 삼손의 삶은 결국 외롭고 불온한 한 영혼의 고통으로 가득한 여행이었다. 이 영혼은 세상 어디에서도 진정한 집을 발견하지 못했으며, 그의 몸 자체가 모진 망명의 장소였다. 이 점을 발견할 때, 이 점을 인식할 때, 그 장대한 이미지들, 실상보다 과장된 모험들에도 불구하고 삼손의 신화가 소리 없이 우리 각자의 일상 속으로, 우리의 가장 내밀한 순간 속으로, 우리의 감추어진 비밀 속으로 스며들게 된다.

삼손의 이야기에는 이야기 전체를 흡수하여 요약하는 느낌을 주는 한 대목이 있다. 삼손이 들릴라의 무릎을 베고 잠이 드는 순간이다. 삼손은 자신을 혼란과 파멸에 빠뜨렸던 폭력, 광기, 정열로부터 풀려나 어린 시절, 아니 유아기의 자아 안으로 물러난다. 물론 이 순간은 그의 운명이 결정된 순간이기도 하다. 들릴라가 그의 머리카락과 면도칼을 움켜쥐고 있고, 바깥의 블레셋 사람들은 이미 승리를 음미하고 있기 때문이다. 다음 순간 삼손은 눈이 뽑히고 힘이 사라진다. 곧 그는 감옥에 갇혀 인생을 마감하게 된다. 그러나 지금 그는 아마 평생 처음으로 평안을 찾았을 것이다. 여기에서, 그가 그 동안 쭉 예상해왔을 잔인한 배신의 한가운데서 삼손은 마침내 완벽한 평화를 얻는다. 자기 자신에게서, 인생의 격렬한 드라마에서 해방된다.

★ ★ ★

그 시절, 그러니까 기원전 12세기 말이나 11세기 초쯤으로 보이는 시절에는 이스라엘에 아직 왕이 없었다. 뿐만 아니라, 중앙의 권위도 없었다. 미디안, 가나안, 모압, 아몬, 블레셋 등 이웃한 나라들은 허약한 헤브라이 부족들을 업신여겨 정복 전쟁을 벌이고 약탈을 자행했다. 그때마다 이스라엘의 이 부족 저 부족에서 지도자가 나타나 자신의 부족, 때로는 연합한 몇 부족을 이끌고 복수전에 나서곤 했다. 만일 승리를 거두면 지도자이자 판관이 되어 사사(士師, shofet)라는 칭호를 얻게 되었다. 기드온과 입다, 게라의 아들 에훗, 아낫의 아들 삼갈, 랍비돗의 부인 드보라 등이 그런 사람들이었다. 이렇게 이스라엘 민족은 억압의 시기와 구원의 시기를 왔다갔다했으며, 이런 억압과 구원은 사사기에서 이야기되듯이 그들의 죄 또는 속죄와 조응한다. 그들이 우상을 섬기면 하나님은 그 벌로 잔인한 이웃들을 불러온다. 그들이 고통을 견디다 못해 하나님을 부르면 하나님은 그들 가운데서 그들을 구원할 사람을 선택한다.

이런 혼란의 와중에 단 부족 소속의 한 부부가 살았다. 그들은 유대 저지대의 소라에 살았는데, 이곳은 그 시절에는 이스라엘과 블레셋 사이에 놓여 있어 매우 위험한 지역이었다. 이스라엘에게 이곳은 블레셋에 대항하는 제1방어선이었다. 블레셋에게는 유대의 산악지대를 정복하려 할 때 반드시 거쳐야 하는 첫 진입로였다. 남자의 이름은 마노아였고, 여자의 이름은 알려져 있지 않다. '임신할 수 없어서 자식을 낳지 못하였다'고만 알려져 있다. 이것만으로도 그들이 국경지대에서 고단한 생활을 했을 뿐 아니라, 결혼생활 역시 순탄치 않았음을 충분히 짐작할 수 있다.

그러나 성경 이야기의 기호학에 익숙한 사람이라면 '임신할 수 없는' 여자가 등장할 경우 그것은 곧 중요한 인물의 출생이 임박했다는 뜻임을 짐작할 것이다. 아니나 다를까 어느 날, '이스라엘 자손이 다시 주께서 보시는 앞에서 악한 일을' 저지르던 시기의 어느 날, 여자가 남편 없이 혼자 있을 때 하나님의 천사가 그녀 앞에 나타

사자의 꿀 35

나 말한다. "보아라, 네가 지금까지는 임신할 수 없어서 아이를 낳지 못하였으나, 이제는 임신하여 아들을 낳게 될 것이다." 그러더니 곧바로 여러 가지 지침과 주의사항을 하달하고, 거기에 기쁜 소식까지 하나 추가한다. "이제부터 조심하여, 포도주나 독한 술을 마시지 말아라. 부정한 것은 어떤 것도 먹어서는 안 된다. 네가 임신하여 아들을 낳을 것인데, 그 아이의 머리에 면도칼을 대어서는 안 된다. 그 아이는 모태에서부터 이미 하나님께 바쳐진 나실 사람이기 때문이다. 바로 그가 블레셋 사람의 손에서 이스라엘을 구하는 일을 시작할 것이다."

여자는 남편에게 달려가 말한다. "하나님의 사람이 나에게 오셨어요." 순간 독자의 귀가 곤두선다. 여자는 성경의 서술자가 했던 말—"주의 천사가 그 여인에게 **나타났다**"—을 그대로 되풀이하지 않았기 때문이다. 여자는 하나님의 사자가 '나에게 왔다'고 말했다. 이것은 여러 가지 뜻으로 새길 수 있는 의미심장한 말이다. 성경에서 이 표현은 때때로 성교 행위 자체를 가리키는 말이기도 하기 때문이다.

남편의 귀도 바짝 곤두섰을 것이다. 아내는 바로 낯선 사람을 묘사한다. "그분의 모습이 하나님의 천사의 모습과 같아서, 너무나 두려웠습니다. 그래서 나는 그분이 어디서 오셨는지 감히 묻지도 못하였고, 또 그분도 나에게 자기 이름을 일러주지 않았습니다." 여자의 말 사이사이에서 미안함이 묻어나는 듯하다. 남자가 생긴 것이 너무 무서워서 감히 어디서 왔는지, 심지어 이름이 무엇인지도 물어볼 용기가 나지 않았다지 않은가.

그렇다면 남편 마노아는 어떻게 반응했을까? 그의 침묵은 무엇을 말할까? 어쩌면 어리둥절하여 이맛살을 찌푸리고 아내 때문에 갑자기 빠져들게 된 혼란을 어떻게든 정리해보려고 질문을 끄집어내려 했을지도 모른다. 그러나 여자는 남자가 질문하기를 기다리지도 않고, 재빨리, 안달을 하듯이, 새로운 정보들을 계속 토해낸다. 하나님의 사람은 내게 말했다. 내가 임신하여 아들을 낳을 것이니, 이제부터 포도주와 독한 술을 마시지 말고, 부정한 것은 어떤 것도 먹어서는 안 된다. 그 아이는 모태에서부터 죽는 날까지 하나님께 바쳐진 나실 사람으로 살아야 하기 때문이다……

자, 여자는 남자에게 모든 이야기를 했다. 남자를 만난 일과 그에게서 들은 놀라운 소식이라는 짐을 벗은 것이다. 그러나 텍스트는 우리에게 두 사람 사이에 흐르는 감정은 한마디도 이야기해주지 않는다. 웃음을 지었다거나 부드러운 눈길로 바라보았다는 말도 없다. 물론 이것은 놀랄 일이 아니다. 대체로 성경은 주인공들의 감정을 기록하지 않기 때문이다. 성경은 행동과 사건의 역사이며, 따라서 모든 독자에게 추측의 과제를 떠안긴다. 이것은 흥미로운 과제이기는 하지만, 과장과 공상이라는 위험도 덩달아 떠안게 된다. 설사 그렇다 해도, 이제부터 우리 앞의 수많은 세대의 독자들이 해온 일을 과감하게 해보도록 하자. 실제로 수많은 사람들이 자신의 신앙, 시대의 관습, 개인적 성향에 따라 빈약한 성경 텍스트의 모든 말과 음절에 의미와 결론을(때로는 소망과 망상까지) 부여해왔다.[1]

따라서 필요한 만큼 조심은 하되, 추측과 상상이 주는 즐거움을 놓치지 말고, 마음의 눈으로 이 부부의 대면을 바라보도록 하자. 여자는 말을 하고 남자는 듣는다. 여자는 길게 이야기를 하고 남자는 한마디도 안 한다. 그 침묵 속에 무엇이 꿈틀거리고 있는지는 알 도리가 없다. 아마 흥분과 기쁨일 것이다. 어쩌면 낯선 남자와 그렇게 허물없이 이야기를 나눈 아내에 대한 분노일지도 모른다. 그녀가 이야기를 하면서 남편의 눈을 똑바로 바라보았는지, 아니면 남편, 어떤 이유에서인지 천사를 만나지 못한 남편의 눈길을 피해 눈을 아래로 내리깔았는지 궁금하기도 하다. 우리가 상상하는 것 가운데 설사 아주 작은 부분만이 실제로 일어났다 해도, 그들이 받은 소식이 그들의 골수까지 뒤흔들어놓았다는 것은 의심의 여지가 없다. 갑작스러운 임신 이야기를 들었을 때, 그녀의 오랜 불임과 관련된 남자의 아주 깊은 감정들이 부글거리기 시작했을 것이다. 어쩌면 남편에 대한 여자의 감정들, 이 짧은 장면에서 언뜻 내비치는 것 같기도 한 남편의 허약함과 성적 무능에 대한 감정들 역시 격동을 일으켰을지 모른다.

이렇게 살짝 들여다보다가 남편과 아내 사이의 팽팽한 긴장에 사로잡히다 보면, 자칫 여자가 남편에게 전한 말이 그녀가 실제로 들은 말과 똑같지 않다는 사실을 놓칠 수도 있다. 일단 두 가지 중요한 세목이 빠져 있다. 여자는 자신의 아들의 머리에 면도칼을 대어서는 안 된다는 사실을 말하지 않았고, 그가 '블레셋 사람의 손에서 이스라엘을 구하는 일을 시작할 것'이라는 사실도 말하지 않았다.

왜 여자는 이런 핵심적인 사실들을 빠뜨렸을까?

흥분하여 정신이 없었기 때문에 면도칼 일을 깜빡 잊어버린 것이라고 생각할 수도 있다. 물론 여자는 몹시 흥분한 상태였다. 어쩌면 아들이 나실 사람이라는 이야기를 했으므로, 머리카락을 자르지 않는 것을 포함한 잘 알려진 금지 사항들을 마노아가 이미 알고 있을 것이라고 가정했을지도 모른다. 그러나 두번째 생략은 어떻게 설명할까? 어떻게 남편에게 미래의 아들과 관련된 그런 중요한 정보를 알리지 않을 수 있을까? 아니, 감출 수 있을까? 남편이 그 소식을 들었다면 큰 만족감과 자부심을 느꼈을 것이고, 아이를 낳지 못하던 지나간 힘든 세월을 보상받았다고 생각했을 것인데.

이것을 이해하려면 우선 이 여자를 이해해야 한다. 다시 거슬러 올라가 그녀의 눈으로 이야기를 읽어볼 필요가 있다. 성경 텍스트는 그녀의 이름조차 밝히지 않았다는 사실을 기억하자. 이 여자에 대해서는 '임신할 수 없었다'는 말밖에 나오지 않는다. 그 말은 심지어 중복되어 나타난다. "임신할 수 없어서 자식을 낳지 못하였다." 이렇게 강조한 것을 보면 여자가 오랫동안 아이를 기다려왔으나 생기지 않았다고 짐작할 수 있다. 어쩌면 이제는 언젠가 아기를 갖게 될 것이라는 희망도 포기해버렸는지 모른다. 이 '석녀(石女, akara)'라는 '호칭'은 다른 사람들, 가족, 부족, 모든 소라 사람들이 그녀에게 부여한 것으로 볼 수 있다. 누가 알겠는가. 심지어 그녀의 남편도 화가 나는 순간이면 이 가슴을 후벼 파는 듯한 호칭으로 그녀를 공격하곤 했을지. 석녀라는 말은 그녀의 이름이 되었으며, 그녀가 자신과 자신의 운명을 생각할 때마다 아프게 찔러 오는 가시가 되었다.

그런데 이제 이 '아이를 낳아본 적이 없는 여자' 앞에 갑자기 천사가 출현하여 아이를 가질 것이라는 소식을 전한다. 그러나 그녀의 꿈이 실현되어 가없는 기쁨을 느끼는 그 순간, 천사는 덧붙인다. "그 아이는 모태에서부터 이미 하나님께 바쳐진 나실 사람이다. 바로 그가 블레셋 사람의 손에서 이스라엘을 구하는 일을 시작할 것이다."

그 순간 여자는 생각과 감정들이 뒤엉켜 일으키는 어쩔한 소용돌이에 휘말린다.

내가 아들을 낳는다. 내가. 물론 여자는 지금까지 이 사실을 몰랐다. 천사가 처음 알고 그녀에게 소식을 전해준 것이다. 어쩌면 그 말을 듣는 순간 그녀는 몸속에서 익숙하지 않은 통증을 느꼈는지도 모른다(천사들은 구체적인 증거가 있을 때 계시의 효과가 가장 좋다는 것을 아니까). 여자는 아들이 이스라엘을 구하는 사람이 될 것이라는 소식에 틀림없이 큰 자부심을 느꼈을 것이다. 자신의 민족의 구원자를 낳는 일을 자랑스러워하지 않을 어머니가 어디 있겠는가? 그러나 그녀의 마음 한구석 감추어진 곳에서는 자신의 행복에 뭔가 아쉬운 점이 있다고 느꼈을지도 모른다.

다른 생각, 고통스럽지만 여전히 억눌려 있는 생각이 그녀를 괴롭히기 시작한다. 그녀는 자기 혼자만의, 자기 품안의 아이를 임신한 것이 아니라 '민족적 인물', 하나님에게는 나실 사람이며 이스라엘에게는 구원자를 임신한 것이다. 그의 이런 특징은 오랜 세월에 걸쳐 서서히 나타나는 것이 아니라, 그래서 모자가 편안하게 자기 역할을 받아들이게 되는 것이 아니라—구원자의 어머니도 책임이 막중한 위치이므로—지금, 갑자기, 이미 냉혹하게 확정되어버렸다. "그 아이는 모태에서부터 이미 하나님께 바쳐진 나실 사람이다……"

여자는 이해하려고 노력한다. 이 아이, 오랫동안 기다려온 이 아이는 그녀에게 주어진 그 순간에, 그녀 안에서 움트기 시작한 그 순간에, 다른 낯선 존재가 이미 손을 댔음이 드러났다. 이것은 — 바로 이 대목에서 그녀는 날카로운 낯선 것에 푹 찔리는 느낌을 받았는데 — 이 아이가 그녀만의 아이가 결코 아니라는 뜻이다.

여자가 이것을 즉시 이해했을까? 알 도리가 없다. 여자는 이 사건에 압도당하는 느낌이었을 것이며, 따라서 이 순간 오로지 임신에 대한 기쁨과 자신에게, 자신을 아카라로만, 석녀로만 바라보던 마을과 부족의 모든 사람이 아니라 바로 자신에게 태어날 특별한 아이를 두고 자부심만 느꼈을 수도 있다. 그것도 얼마든지 가능한 일이다…… 그러나 속 깊은 곳에서 삼손의 어머니는 여자다운 깊은 직관으로 자신에게 어떤 것이 주어졌으나, 주어진 그 순간 도로 빼앗겼음을 깨달았다고 추측해볼 수도 있다. 그런 것을 아는 것은 종교적인 믿음이나 하나님에 대한 두려움과는 아무런 관계가 없는 일이다. 그녀에게 가장 중요하고 내밀한 순간, 여자로서 그녀 내부에서 어떤 일이 이루어진 그 순간은 공적인 사건으로 징발되어 낯선 사람들(수천 년이 지난 지금 그녀의 이야기를 해석하고 있는 우리를 포함하여)과 공유해야 하는 순간이 되었다. 이런 이유 때문에 그녀는 본능적인 외면과 부정의 행동으로 그 혼란스러운 소식의 일부를 밀어내고 있는 것이다.

여기서 우리는 성경에 나오는 다른 여자, 삼손의 어머니와 똑같은 운명을 겪었던 여자를 떠올리게 된다. 자신에게 아들이 태어난다면 그 아들을 하나님에게 나실 사람으로 바치겠다고 눈물을 흘리며 기도하고 맹세한 여자 한나다. 한나는 그 맹세에 따라 사무엘이 태어나자 아이를 대제사장 엘리에게 넘겨야 했다. 그러고 보면 이 두 가지 특별한 임신 사건에서 하나님이 이 어머니들의 절망을 이용했다는 불편한 느낌을 뿌리칠 수가 없다. 이 어머니들은 아이를 낳고 싶은 마음이 아주 간절했기 때문에 자식의 운명과 관련된 어떠한 '제안'에도 동의할 용의가 있었다. 우리 시대의 언어로 말하자면, 심지어 하나님의 원대한 계획을 위하여 '대리모'로 봉사할 용의까지 있었던 것이다.

★ ★ ★

마노아의 부인은 남편에게 가서 천사를 만난 일을 이야기한다. 그녀가 전하는 말이 사과하는 듯한 말투이고, 또 지나치게 자세하다는 점은 이미 말했다. 그러나 언뜻 보기에는 모든 것을 밝히는 듯하면서도, 실제로는 중요한 대목을 생략해버리기도 했다. 이 시점에서 오랜 세월에 걸쳐 삼손이라는 인물의 이야기를 탐사해온 시인과 극작가, 화가와 소설가 등 이 이야기의 많은 주석가들 가운데 다수가 삼손이 그의 어머니와 '하나님의 사람' 사이의 통정에서 태어났다고 암시해왔다는 사실을 말해둘 필요가 있겠다. 심지어 블라디미르 야보틴스키 같은 사람은 뛰어난 소설『나실 사람 삼손』에서 삼손이 그의 어머니와 천사가 아닌 블레셋 사람 사이의 로맨스의 산물일 가능성까지 제시했다.[2] 이런 독법에 따르면 "하나님의 사람이 나에게 오셨다"는 말은 단순히 여자가 자신의 창피스러운 임신을 마노아에게 둘러대기 위해 꾸며낸 이야기가 된다. 물론 이 가설은 삼손과 블레셋의 복잡한 관계를 다룬 모험담에 추가의 양념을 보태준다. 그러나 우리는 이런 가설을 따라가고 싶은 유혹을 느끼면서도, 삼손의 어머니가 들려주는 이야기를 믿기로 한다. 곧 알게 되겠지만, 설사 그녀가 온전히 진실을 말하지 않았다 해도, 그녀의 운명적인 커다란 배신의 희생자는 결국 남편이 아니었기 때문이다.

그녀는 마노아에게 아들이 생길 것이라고 알린 뒤 천

사의 메시지 가운데 두번째 부분을 전한다. 기억하겠지만 그녀는 이것을 정확하게 그대로 옮기지 않았다. 그녀는 머리카락을 자르지 말라는 말을 뺐다. 아이가 장차 민족의 구원자가 될 것이라는 말도 뺐다.

"그 아이는 모태에서부터 죽는 날까지 하나님께 바쳐진 나실 사람으로 살아야 하기 때문이라고 했습니다." 여자는 그렇게 말하는데, 여기서 '죽는 날까지'라는 말은 그녀가 덧붙인 것이다. 물론 이상한 첨가이다. 오랜 불임 끝에 드디어 아이를 임신하게 되었다는 소식을 안 여자가 남편에게 그 아이가 어떤 사람이 될지 전한 뒤 바로 죽는 날 이야기를 하다니.

부모가 아니라 해도, 아기를 기다리던 부부가 좋은 소식을 듣게 되는 그 특별한 순간을 경험해본 적이 없는 사람이라 해도, 이런 부부의 가슴과 머리에서 아직 태어나지도 않은 아이의 '죽는 날'보다 멀리 있는 것은 없다는 사실을 짐작할 수 있다. 설사 불안한 부모가 자식을 기다리는 위험과 재난에 관한 생각에 사로잡혀 있다 해도, 심지어 그것이 강박관념 수준에 이르렀다 해도, 그렇다 해도 자신의 어린 자식을 종말이 가까워진 노쇠한 노인으로 상상하는 일은 좀처럼 생기지 않을 것이다. 물론 죽은 사람으로 상상하는 일은 말할 것도 없고. 만일 머릿속에서 그런 그림을 그리려면, 부모의 자연스러운 본능에 대립되는 힘겨운, 거의 격렬하다고까지 할 수 있는 거리두기가 필요할 것이다.

이제 자신의 태내에서 막 생겨난 아이의 죽는 날을 생각하고 또 그것을 입 밖에 소리 내어 말하려면 모질다 할 만큼 냉정해야 한다. 그러나 이 여자는 이 순간에 잔혹하게 거리를 두는 행동을 하고 있다. 아이로부터, 그녀의 말을 듣는 아이의 아버지로부터, 그리고 자기 자신으로부터도.

마노아의 부인은 무엇 때문에 그런 말을 보탰을까?

다시 '테이프를 뒤로 감아' 어떤 일이 벌어졌는지 찬찬히 살펴보자. 천사는 여자에게 소식을 알려주고 나서 사라진다. 여자는 얼른 남편에게 달려간다. 그러는 사이 여자의 마음속에서는 여러 가지 메시지가 뒤엉켜 소용돌이친다. 나는 지금 임신중이다. 아니면 곧 임신을 할 것이다. 그러나 아이는—뭐라고 해야 하나?—완전히 내 것이 아니다. 다른 모자 관계하고는 다르다. 아이는 말하자면 안전을 위해 내 속에 보관해놓은 것이다. 결국은 도로 찾아갈 것이다.

뭔가가 그녀를 짓눌러, 걷는 속도가 느려진다. 그렇다면 내 안에서 자라는 이 아이는 누구인가? 이 아이가 온전하게 부모의 정수(精髓)로, 피와 뼈로 이루어진 것인가? 그렇다면 지금 이 순간에도 이 아이가 다른 정수로, 이질적이고 불가사의한, 뭔가 당혹스럽고 초인간적인 (따라서 어쩌면 비인간적일 수도 있는) 정수로 희석되고 있다는 이 어렴풋한 느낌은 뭔가?

자, 머릿속에서 수천 년을 뛰어넘어, 노벨상을 받은 러시아의 유명한 물리학자 안드레이 사하로프의 어머니가 신문기자에게 들려준 감동적인 이야기를 떠올려보자. 물론 그녀는 아들 이야기를 하면서 자부심과 사랑을 드러냈다. 그러나 인터뷰 말미에 한숨 같은 것을 내쉬며 이렇게 말했다. "때로는 내가 독수리를 낳은 닭 같다는 생각이 든다우." 그녀 자신도 놀랐던 것 같다. 아마 그녀의 눈에서는 경이감을 엿볼 수 있었을 것이다. 이것은 아들을 어머니의 가슴으로부터 밀어내 하나의 '현상'처럼, 처음 보는 낯선 사람처럼 철저하게 객관적으로 바라볼 수 있는 위치에 갖다놓았기 때문에 할 수 있는 말이다. 어머니 자신이 아들을 높은 받침대 위에 올려놓고 다른 사람들과 똑같은 각도에서, 또 똑같은 거리에서 바라보고 있는 셈이다. 그곳에서 어머니는 속삭인다. 당신은 진정 누구인가? 얼마나 내 것인가?

아마 삼손의 어머니도 남편에게 좋은 소식을 전하러 가면서 그런 의문들 때문에 마음이 찢어지는 듯했을 것이다. 이 아이는 얼마나 내 것일까? 이 아이가 내가 기도했던 그 아이일까? 내가 이 아이에게 풍요로우면서도 자연스러운 사랑, 오랫동안 나의 자식에게 간절히 주고 싶었던 그 사랑을 줄 수 있을까?

이윽고 남편을 만나 소리 내어 말을 하게 되자, 그 말이 갑자기 복잡다단한 함의들을 모두 드러내며 엄청난 위력으로 그녀의 마음을 꿰뚫었다. 여자가 말을 하다가 "그 아이는 모태에서부터 하나님께 바쳐진 나실 사람으로 살아야 한다"는 대목에 이르렀을 때, 그녀의 내부에서 뭔가가 콱 막히는, 아찔해지는, 얼어붙는 느낌이 우리에게까지 전해지는 것 같다. 그래서 여자는 천사의 말을 완전하게 인용하지 않는다. 그녀는 하려던 말을 삼켜버리고, 그것과는 다른, 예상치 않은 말을 불쑥 내뱉는다. "죽는 날까지." 그녀 자신도 놀랐을 것이다.

이 순간과 관련하여 마지막으로 하나 더 생각해볼 것이 있다면, 어머니가 잠시라도 그런 거리에서 바라볼 수 있는 아들, 태어나기 전부터 애도했던 아들은 어쩐지 다른 사람들을 상대할 때 늘 약간은 소외감이나 거리감을 느낄 것이라는 점이다. 그는 대부분의 사람들은 자연스럽게 할 수 있는 간단한 인간적 접촉을 할 능력이 없을 것이고, 결국은 그가 삶의 마지막에 다가갔을 때 입에 올린 표현대로 '여느 사람'이 될 수 없을 것이다.

따라서 삼손의 어머니는 기적적으로 자신의 불임 상태는 '치료' 받았지만, 비유적인 의미의 불임 상태를 아들에게 물려준 것이라고 말할 수도 있다. 이런 불임의 결과 삼손은 인간 존재의 살아 있는 핵심과 분리된 사람이 된다. 독특한 '유전적 불임' 사례인 셈이다.

사실 삼손이 나실 사람이 된다고 선언한 것은 삼손의 어머니가 아니라 하나님이다. 나실 사람이 된다는 것은 그 자신과 삶 사이에 칸막이를 치는 사람이 된다는 뜻인데, 실제로 나실(nazir)이라는 헤브라이 단어는 '서약'을 뜻하는 어근 ndr와 '낯선 사람'을 뜻하는 zar가 의미심장하게 융합되어 있다. 삼손이 나실 사람이 되는 것은 하나님의 뜻이다. 하지만 그럼에도 삼손이 죽는 날까지 그의 삶의 운명적인 경로를 결정하는 데는 어머니가 아들을 바라보는 관점, 자신의 뱃속에 자라는 태아를 바라보는 그녀의 내밀한 시선, 그녀의 섬뜩한 평결이 하나님의 명령 못지않은 역할을 했다는 느낌을 지우기 어렵다.

★ ★ ★

부모가 태어나지도 않은 아이에게 느낀 낯섦은 곧 더 강렬해진다. 아내의 말을 듣고 깜짝 놀란 마노아는 하나님에게 기도를 하며 추가 지침을 요청한다. "주님, 우리에게 보내셨던 하나님의 사람을 우리에게 다시 오게 하셔서, 태어날 아이에게 어떻게 하여야 할지를 우리에게 가르치게 하여 주십시오."

'태어날 아이?' 삼손은 아직 어머니의 태 안에 있는데, 아버지는 이미 그를 분류하여 공식적인 긴 정의를 할당한다. 마노아의 입은 오랜 세월 동안 '우리 아들' '내 아이' '내 자식' 같은 말을 간절히 발음해보고 싶었을 것이다. 그럼에도 이 자리에서는 아내가 전한 대로, 하나님의 사람이 사용했던 표현을 그대로 사용하고 있다. 어쩌면 벌써부터 앞으로 고귀한 인물이 될 사람에게 경외감 섞인 거리를 유지해야 한다고 느끼고 있는 것인지도 모른다.

어쩌면 마노아는 그 이상의 생각을 하고 있었는지도

모른다. 이 아이를 귀중한 그릇처럼 다루어야 할 것이라는 생각 말이다. 어쩌면 너무 귀해서 부모의 영적인 자산으로는 감당할 수 없는 아이일지도 모른다. 부모의 자연스러운 본능에 따라 키울 수만은 없는 아이일지도 모른다. 따라서 하나님, 간청하오니, 추가로 지침을 내려주소서······

아니나 다를까, 천사가 돌아왔다. 그러나 천사는 마노아가 아니라, 여자 앞에 나타나는 쪽을 택했다. "그때에 그 여인은 밭에 앉아 있었는데, 남편 마노아는 아내와 함께 있지 않았다." 이렇게 되니 천사가 어떤 이유에서인지 정보를, 비밀을, 여자에게 전하는 쪽을 더 좋아한다는 인상이 강해질 수밖에 없다. 천사는 여자가 혼자 있을 때 그녀를 만나려고 노력하는 것 같다. 단지 '혼자' 있는 것이 아니라, 남편이 그녀와 함께 있지 않을 때 말이다. 그러나 여자는 뒷소문에 대한 두려움 때문인지, 아니면 남편에 대한 의리와 공동 운명체라는 느낌 때문인지, 천사를 만나는 자리에 마노아가 함께 있기를 바란다. 이번에는 서술자도 약간 자세하게 이야기한다. "그 여인은 급히 달려가 남편에게 말하였다." 우리는 그녀의 건강한 두 다리가 곡식 줄기를 헤치고 달려가는 모습을 상상할 수 있다. 두 팔은 위아래로 바쁘게 움직이며 공기를 가른다. 여러 가지 생각들이 머리를 스치고 지나간다. 여자는 마노아에게 이르러 같은 사람이, '저번에 나에게 오셨던 그분'이 다시 나타났다고 말한다.

"마노아는 일어나 아내를 따라갔다(Vayakom vayelech Manoah aharei ishto)."

이 말의 울림과 반향은 마노아의 느리고 묵직한 움직임을 전해준다. 마노아는 '휴식'이라는 뜻이다. 또 최근의 헤브라이어에서는 '죽었다'는 뜻으로 사람 앞에 붙이는 '고(故)'를 뜻하기도 한다. 따라서 "그 여인은 급히 달려가 남편에게 말하였다"는 말과 재미있는 대조를 이루는 이 몇 마디를 통해 서술자는 빠르고 힘찬 아내 뒤를 어슬렁어슬렁 따라가는 굼벵이 같은 남편의 모습을 보여준다. 실제로 『탈무드』의 랍비 저자들은 마노아에게 무지한 자(am ha'aretz)라는 딱지를 붙여 책망한다. 양성 간의 기본적인 규칙을 어겼다는 것이다. "남자는 설사 자신의 아내라 해도 길에서 여자 뒤에서 걸어가지 않는다. 여자와 함께 다리를 건너도 여자는 남자 옆에 있어야 한다. 누구든 강을 건널 때 여자 뒤에서 걷는 자는 다가올 세상에서 차지할 몫이 없을 것이다."[3]

이렇게 마노아는 아내를 뒤따라가서 낯선 남자를 만나 어떤 사람인지 보려 한다. 마노아는 앞서 전능자에게 '하나님의 사람'을 다시 보내달라고 분명히 요청했지만, 아내가 밭에서 혼자 만난 자—그것도 두 번이나—또 만난 직후에 아이를 낳을 것임을 알게 된 자에 대한 괴로운 의심에서 자유롭지 못했을 수도 있다. "마노아가 그를 보고서, 저번에 자기의 처에게 말하던 그 남자냐고 물었다." 독자는 말이 없더라도 마노아가 천사를 바라보는 풀죽은 표정을 상상할 수 있다. 불신과 질투가 섞인 목소리가 들리는 듯하다. 자신의 열등함을 인정할 수밖에 없는 사람의 애타는 자기모멸이 느껴지는 듯하다.

마노아가 "내 처에게 왔던 그 남자냐"고 묻지 않은 것에 주목하라. 어쩌면 어떤 느낌 때문에 그 단도직입적인 말을 사용하지 못한 것인지도 모른다. 이런 긴장된 분위기에서, 남자 둘과 임신했을지도 모르는 여자가 있는 이런 상황에서 그런 말을 입에 올릴 경우 세 사람은 막다른 데서 정면대결을 하게 될 수도 있다. 그러나 마노아는 이 낯선 사람을 '하나님의 사람'이라고 부르지 않고 '남자'라고 불러, 한 문장 안에 '남자'와 '처'를 나란히 놓았다. 그는 이렇게 두 사람을 짝 지어 아늑한 고치 속에 밀어 넣고, 자신은 그 밖에 선다. 그의 질문 뒤에 어른거리는 의심과 질투가 더욱더 진하게 드러나고 마는 것이다.[4)]

어쨌든 천사는 무뚝뚝하게 대답한다. "그렇다."

마노아는 말한다. "지난번에 한 그 말이 이루어질 때에 그 아이가 지켜야 할 규칙은 무엇입니까?" 여기에서도 낯선 남자를 향한 경계심이 배어나온다. 어쩌면 약속된 아들에 대한 경계심일 수도 있다. 마노아는 여전히 자신이 이야기를 나누는 상대가 천사는커녕, 하나님의 사람도 아니라고 생각하는 것이 분명하다. 만일 믿었다면 틀림없이 땅바닥에 엎드렸을 것이며, 이렇게 예의 없이 말하지도 않았을 것이고, 탄원의 말을 한마디라도 했을 것이다.

여기에서 의문이 생긴다. 천사가 두 번의 '공연' 사이에, 즉 앞서 부인을 만날 때와 지금 남편을 만나는 사이에 분장을 바꾸었을까? 마노아에게는 "하나님의 천사의 모습과 같아서 너무나 두렵다"는 느낌을 주지 않은 것이 분명하기 때문이다. 아니면 여자가 앞서 묘사할 때 어떤 이유에서인가 과장을 한 것일까? 천사의 모습은 전혀 바뀌지 않았지만, 대화 상대의 감추어진 정체를 '읽어내는' 남자와 여자의 능력에 차이가 있는 것일까?

사자의 꿀 55

천사는 다시 한번 하나님의 나실 사람을 제대로 낳고 기르는 데 필요한 사항을 자세하게 일러준다. 그러나 대화 전체에 걸쳐 그가 내키지 않는 마음으로 마노아와 이야기를 하고 있다는 것이 분명하게 드러난다. 마치 항의하는 사람을 상대로 이야기를 하는 듯하다. 그래서인지 마노아라는 남자는 불필요하다는 사실, 그의 부인과 비교하면 2급의 지위밖에 갖지 못한다는 사실을 강조한다. "내가 마노아의 아내에게 명령한 모든 것을 여자가 지켜야 한다."

천사의 말을 다시 읽어보면, 마노아에게 지침을 되풀이하면서 그 역시 아이의 머리카락을 자르지 말라는 말은 하지 않았다는 것을 알 수 있다. 이런 반복된 생략—이번에는 천사의 생략—의 의미는 무엇인가? 여자가 그랬을 때는 일시적 혼란 탓이겠거니 하고 넘어갈 수도 있다. 그러나 이번에 나타난 생략은 더 심각하다. 삼손의 약점은 그의 머리카락이다. 결국 그는 머리카락을 자르는 바람에 죽는다. 혹시 여자와 천사는 어떤 이유에서인가 아버지에게 아들의 약점을 감추고 싶었던 것이 아닐까? 혹시 이 둘은 '태어날 아이'의 생사와 직결된 문제에서 마노아가 비밀을 지킬 만한 사람이 못 된다고 생각했던 것이 아닐까?

지침을 설명한 뒤에도 남편과 천사 사이의 긴장은 계속된다. 마노아는 이 상황을 견딜 수가 없다. 사방에서 정보의 파도가 그를 덮치고 있다. 갈등을 일으키는 감당하기 힘든 감정들 속에서 익사할 것 같다. 무엇보다도 아내와 이 오만한 낯선 자가 자신의 등 뒤에서 교묘하게 음모를 짜고 있다는 의심 때문에 괴롭다. 마노아보다 훨씬 명민하고 영리한 사람이라도 이런 순간에는 정신이 혼미해졌을 것이다. 마노아는 번민 속에서 천사에게 더 가까이 다가가려 한다. "새끼 염소를 한 마리 잡아 대접할 터이니 잠시 기다려주십시오." 마노아는 그렇게 제안한다. 천사는 분명한 이유 없이 적대적인 태도로, 마치 심판을 하듯이 거절한다. "기다리라면 기다릴 수는 있으나 음식은 먹지 않겠소." 그러면서 마노아가 자신이 아니라 하나님에게 염소를 희생 제물로 드려야 할 것이라고 덧붙인다. 어쩌면 그는 마노아가 자신을 파악하기 위해 잡아두려는 것인지도 모른다고 생각했을 것이다. "마노아는 그가 주의 천사라는 것을 전혀 알지 못하였다." 텍스트는 그렇게 말한다. 시간이 어느 정도 흘렀음에도 이렇게 모른다는 것에서 마노아라는 인물의 우둔함은 더 분명하게 드러난다.

  당황한 마노아는 천사의 이름을 물으며, 어쭙잖은 이유를 갖다 붙인다. "말한 바가 이루어질 때에"―그러니까 천사의 예언이 실현될 때에―"당신에게 그 영광을 돌리고 싶습니다." 그러나 천사는 퇴짜를 놓는다. "어찌하여 그렇게 내 이름을 묻느냐. 내 이름은 비밀(peli)이다." peli, 이것은 기적적인 것이고, 알 수 없는 것이라는 뜻이다. 말을 바꾸면, 네 지식의 범위를 넘어서는 것이고, 너에게는 너무 큰 것이라는 뜻이다. 마노아가 입을 다물게 하려는 분명한 목적이 담긴 이 말은 그의 기억에 각인되어 오랫동안 지워지지 않을 것이다. 앞으로 아들과 마주하게 될 때, 마치 벽에 부딪히듯이 아들이 벌이는 불가사의하고, 신기하고, 기적적인 일들과 부딪히게 될 때, 이 모욕이 그의 머릿속에서 되살아날 수밖에 없다.

  천사의 당혹스러운 대답을 들은 뒤 혼란에 빠진 마노아는 머뭇머뭇 염소 새끼와 음식을 바위에 올려놓는다. 그러자 천사가 기적을 일으킨다. 바위에서 불을 피워 올린 것이다. 그런 뒤에 마노아와 아내가 보는 앞에서 하늘로 올라갔다. 이들 부부는 땅에 넙죽 엎드렸다. 이제야 마침내 마노아는 이 사람이 정말로 하나님의 천사임을 알게 된 것이다. "우리가 하나님을 보았으니 우리는 틀림없이 죽을 것이오." 마노아는 아내에게 그렇게 말한다. 목소리는 두려움 때문에 떨리고 있다. 하나님이나 천사에 대한 두려움일 뿐 아니라, 이 놀라운 만남이 그들의 삶에 가져올 모든 결과에 대한 두려움이기도 하다. 어쩌면 아직 태어나지 않은 아이, 그들의 아이, 오랫동안 기다리고 기도해온 아이, 지금 양수만이 아니라 수수께끼와 위협이라는 뚫고 들어갈 수 없는 막으로 둘러싸여 있는 아이에 대한 두려움일지도 모른다.

"우리는 틀림없이 죽을 것이오." 마노아는 중얼거린다. 그러나 그의 아내는 단순한 논리로 대답한다. 어쩌면 여전히 그들 주위에 감돌고 있는, 천사의 정중하면서도 쌀쌀맞은 분위기에 감염되어 미묘한 경멸감이 섞여 있는 것 같기도 하다. "만일 주께서 우리를 죽이려 하셨다면 우리의 손에서 번제물과 곡식예물을 받지 않으셨을 것이며, 또 우리에게 이런 모든 일을 보이거나 이런 말씀을 하시지도 않으셨을 겁니다."

이렇게 해서 조금 전만 해도 '석녀'라는 호칭으로 환원되어버리던 여자가 텍스트의 몇 구절을 거치면서 독자의 눈에 점점 커 보이게 된다. 어쩌면 아기를 가지면서 힘과 품위가 생긴 것인지도 모른다. 세상에 하나밖에 없는 아이를 가졌다는 사실을 알면서, 모든 의심과 불안에도 불구하고 새롭게 자신감을 얻게 된 것인지도 모른다. 더욱이 이처럼 명민한 여자라면 천사가 두 번이나 그녀가 혼자 있을 때를 택해 나타났다는 사실을 의식하지 못했을 리 없다.

그러나 이런 추측들이 죄다 엉터리이고, 원인과 결과를 뒤죽박죽으로 만드는 것일 수도 있다. 삼손의 어머니는 그냥 늘 그런 여자였을지도 모른다. 본디 강하고 재치 있는 여자, 지략이 풍부하고 용감한 여자였을지도 모른다. 바로 그런 이유 때문에 천사는 남편이 아니라 이 여자에게 소식을 들고 간 것인지도 모른다. 이런 맥락에서 이 부부와 천사의 만남을 그린 렘브란트의 그림이 흥미롭게 느껴진다. 렘브란트는 마노아를 '내리눌러' 굴종적인, 심지어 우스꽝스러운 자세를 취하게 했다. 언뜻 보면 감자부대를 닮았다. 반면 아내는 성경의 이야기와는 대조적으로, 웅크린 남편 옆에 꼿꼿이 앉아 고귀한 기품과 자신감과 결의를 드러내고 있다. 이 이야기를 읽은 다른 많은 사람들과 마찬가지로 렘브란트도 여자가 강하고, 지배적인 쪽이라고 느꼈음이 틀림없다. 그렇다면 우리는 이미 삼손에게 그녀의 영향이 얼마나 결정적일지, 그녀가 방금 한 말의 영향이 얼마나 결정적일지 상상하고 있는 것이나 다름없다―태내에 있을 때부터 죽을 때까지.

★ ★ ★

오늘날 소라는 키부츠*를 이루고 있으며, 이 농장은 둔덕(tel)에서 멀지 않은 곳에 자리 잡고 있다. 아마 그 밑에는 틀림없이 성경 시대 정착지의 고고학적 유적이 있을 것이다. 이 키부츠의 건설자들은 사회주의 계열 '연합 키부츠' 운동의 회원이자 전설적인 팔마치 전투부대 출신의 전역 군인들로, 1948년 말경 이곳에 자리 잡았다. 아랍 4개국 군대가 신생 이스라엘을 침공하면서 발발한 독립전쟁이 한창이던 때였다. 이 전쟁 동안 유대의 저지대는 사사기 시대의 전쟁과 마찬가지로 쌍방의 전략적 거점이자 요충이 되었다. 이스라엘 군대가 사라라는 이름의 아랍 마을 근처로 진격하자, 주민 대부분은 피

---

* 이스라엘의 공동 집단 농장.

신했고 남아 있던 사람들은 쫓겨났다. 결국 모두가 난민이 되어 대부분이 헤브론에서 멀지 않은 데헤이셰 난민 수용소에 가게 되었는데, 그 가족들은 오늘날까지 그곳에 살고 있다.

2002년 10월 중순, 저지대의 날씨는 흐리고 무덥다. 라디오에서는 소라와 에스다올 사이의 삼손 교차로에 차들이 밀린다는 소식을 전한다. 간선도로에서 벗어나 구불구불한 흙길을 따라 숲으로 들어가면, 걸어서 아랍 마을 사라의 버려진 밭까지 갈 수 있다. 그곳의 작은 숲에 감추어져 있던 두 사람의 모습이 갑자기 나타난다. 원래 그들의 소유였던 올리브나무 열매를 수확하러 데헤이세에서부터 그곳까지 온 팔레스타인 모자다. 여자는 힘차게 나뭇가지를 흔들고 막대기로 때린다. 열 살 정도 된 아들은 아무 말 없이 검은 우박처럼 떨어지는 올리브를 나무 밑에 펼친 보자기에 재빨리 담는다.

약 삼천 년 전 이곳에서, 이와 똑같은 갈색의 억센 풍경에서, 올리브와 떡갈나무, 테레빈나무와 구주콩나무 사이에서 마노아의 부인은 아이를 낳았다. 이곳에서 그녀는 아들에게 삼손(Shimshon)이라는 이름을 지어주었다. 헤브라이어로 '작은 태양'이라는 뜻의 이 말은 태양

(shemesh)과 힘(on)을 합친 말인지도 모른다.

물론 삼손과 헤라클레스, 페르세우스, 프로메테우스, 아폴론의 아들 몹소스 등 다른 '태양 영웅'들 사이에는 큰 유사점이 있다.[5] 그래서 『탈무드』의 랍비 요하난은 삼손에게서 이교도적인 암시를 '씻어내려고' 노력했다. "삼손은 축복을 받으실 거룩한 분의 이름을 딴 것이다. '주 하나님은 태양과 방패이시기'(시편 84:11) 때문이다…… 하나님이 온 세상을 보호하시듯이, 삼손은 그의 시대에 이스라엘을 보호했다."[6] 그러나 1세기 유대계 로마인 역사가 요세푸스 플라비우스는 『유대 고대사』에서 '삼손'은 '강하다'는 뜻이라면서, "이 아이는 빠르게 성장했으며, 소박한 식생활과 풀어헤친 머리카락으로 보아 예언자가 될 재목이 분명해 보였다"고 주장한다.[7]

"그 아이는 주께서 내리시는 복을 받으면서 잘 자랐다." 성경은 그렇게 말한다. 『탈무드』는 이렇게 논평한다. "그 아이는 b'amato의 복을 받았다." amah(문자 그대로는 '완척腕尺'이라는 뜻)라는 말은 음경을 완곡하게 일컫는 말이다. "그의 amah는 다른 남자들의 것과 같았다." 『탈무드』는 계속해서 그렇게 말한다. "그러나 그의 씨앗은 빠르게 흐르는 냇물 같았다."[8] 랍비의 이런 주석은 공상에 빠져 곁길로 빠지는 것처럼 보이지만, 삼손의 이후 행적은 이 이야기가 대체로 맞다는 것을 보여준다. 하나님의 이 특별한 축복만큼이나 중요한 것이 그 다음에 나온다. "그가 소라와 에스다올 사이에 있는 마하네단에 있을 때에 주님의 영이 처음으로 그를 움직였다."

이 젊은이에게 '처음으로 내린' 주님의 '영'은 정확히 무엇일까? 사명에 대한 자각일까, 소명일까, 내부에서 영감이 터져 나온 것일까? 헤브라이어로는 Lefa'amo인데, 이것은 '치다' 또는 '두근거리다'라는 의미의 어근에서 나왔으며, 인간의 맥박과 관련이 있음이 분명하다. 맥박은 감정이 고조될수록 더 크게 뛴다. 실제로 끈질기게 이어지는 이 흥분에 찬 고동 소리는 삼손의 인생의 매 단계마다 그의 몸과 영혼에서 크게 울려 퍼지게 된다. 『예루살렘 탈무드』는 삼손의 흥분에 구체적인 신체적 표현을 부여하고 싶었는지, 성령이 그에게 내려왔을 때, 그의 보폭 하나가 소라에서 에스다올 사이의 거리만큼 길었으며, 그의 머리카락이 종―헤브라이어로는 pa'amon인데 이것 역시 Lefa'amo와 어근이 같다―처럼 울렸는데, 그 소리 역시 소라에서 에스다올까지 들렸다고 말한다.[9] 흔히 '광명의 책'이라고 부르는 『조하르Zohar』는 유대교

신비주의의 중심을 이루는 책인데, 여기에는 매혹적일 정도로 생생한 묘사가 나온다. "Lefa'amo. 이 영은 왔다 갔다, 왔다갔다했으며, 결코 그의 내부에 가만히 가라앉지 않았다. 처음부터 이런 상황이었기 때문에, '주님의 영이 처음으로 그를 움직였다'는 말이 기록된 것이다."[10] 중세의 주석가 게르소니데스는 이 말들을 가지고 말장난을 하면서 삼손의 흥분을 이 영웅의 이성적 관점과 관련지어 해석한다. "한번(pa'am)은 블레셋과 싸우러 나간다고 하고, 또 한번은 안 나간다고 한다. 마치 이쪽저쪽으로 흔들리며 소리를 내는 종과 같다."

그러나 그냥 텍스트만 읽어보면 삼손은 어떤 소명이나 영감에 흥분한 것이 아니라, 뜻밖의 방향에서 흥분한 것 같다. 주님의 영에 흥분한 젊은이가 과연 무엇을 할까? 가능한 한 빨리 블레셋으로부터 민족을 구하기 위해 군대를 모으기 시작할까? 부족 내에서 정치적인 힘을 얻으려 할까? 대제사장의 축복과 지원을 얻으려 할까? 전혀 아니다. 삼손은 사랑에 눈을 뜬다.

"삼손이 딤나로 내려갔다가, 딤나에 있는 어떤 블레셋 처녀를 보았다."

삼손은 곧바로 다시 언덕을 올라가 고향 소라로 가서

아버지 어머니에게 말한다. "내가 딤나에 내려갔다가 블레셋 처녀를 하나 보았습니다. 장가들고 싶습니다. 주선해주십시오." 삼손의 말에 '사랑'이라는 말은 나타나지 않지만, 그의 내부에서 끓고 있는 감정의 깊이와 단단함을 느낄 수 있다. 삼손이 이 순간 그 복잡하게 얽힌 감정들을 풀어낼 수 있을지, 사랑을 그 새롭고 위대한 '주님의 영'과 구분할 수 있을지 궁금할 따름이다. 그러나 이런 뒤얽힘이 어디 놀라운 일인가? 사랑, 그것도 첫사랑이란 자신이 막 태어났다는 느낌, 새롭고, 강렬하고, 낯선 바람이 자신을 통해 불어간다는 느낌을 불러일으키는 것이 아니던가.

나실 사람이 이렇게 빨리 여자를 만날 수 있느냐고 의아해하는 사람들이 있을 터이니, 여기에서 유대교의 나실 사람은 기독교나 불교 전통의 수도사와 다르다는 점을 이야기해두는 것이 좋겠다.[11] 토라*(민수기 6장 참조)를 보면 유대교의 나실 사람은 세 가지를 금해야 했다. 첫째로 포도주를 마시지 못하고, 포도나 포도로 만든 것을 먹지 못했다. 둘째로 머리카락을 자를 수 없었다.

---

* 성경 구약의 맨 앞 다섯 편을 가리키는 말.

셋째로 주검 옆에 가까이 가지 못했다(삼손의 경우에는 세번째가 명시되지 않았다). 그러나 여자와 결혼을 하는 것이나 친하게 지내는 것은 금지 사항이 아니었다. 그렇다고 해서 보카치오의 『데카메론』이나 초서의 『캔터베리 이야기』처럼 색욕에 물든 수도사들의 음탕하고 질펀한 사건들을 기대해도 좋다는 뜻은 아니다. 성경의 저자는 대부분의 저자들과 마찬가지로 흥을 깨는 재주를 타고난 사람이어서 삼손이 블레셋 여자에게 끌린 사건에 관해 얼른 이렇게 말한다. "주님께서는 블레셋 사람을 치실 계기를 삼으려고 이 일을 하셨다. 그때에 블레셋 사람이 이스라엘을 지배하고 있었기 때문이다."

말을 바꾸면, 사랑도 욕정도 로맨스도 아니었고, 자유 의지도 아닌 것이다. 삼손은 하나님이 이스라엘을 억압하는 블레셋을 칠 핑계를 찾고 있기 때문에 블레셋 여자한테 끌린 것이다. 이것이 삼손이 느낀 욕망에 대해 성경이 제공하는 유일한 동기다. 그러나 성경이 사건을 이런 식으로 제시한다 해도 독자는 이 이야기에서 인간 삼손의 역할이 궁금하지 않을 수 없다. 삼손 자신은 사랑의 감정을 다른 사람이 이용할 '계기'로— 설사 하나님이 이용한다 해도— 경험하지는 않을 것이기 때문이다. 게

다가 딤나의 여자에 대한 삼손의 강하고 직접적인 반응은 그가, 이 남자가, 피와 살로 이루어진 삼손이 사랑을 구했고 또 원하고 있다는 사실을 증명한다! 이 불타오르는 사랑 전부가 '그의 것'은 아님을 그가 어떤 식으로든 이해할 수 있을까? 자신이 하나님의 손에 쥐어진 정치적이고 군사적인 도구라는 것을 이해할 수 있을까? 그런 것을 이해할 수 있는 사람이 있을까? 자신이 부모의 '자연스러운 자식'이 아니었듯이, 이제 어른이 되어 여자에게 느끼는 자연스러운 욕망 역시 징발된 것 또는 그에게 심어진 것임을 안다면 그것을 견딜 수 있는 사람이 있을까?

이런 질문을 하는 동안 슬픈 가능성 한 가지가 점차 분명하게 드러난다. 우리 이야기의 주인공은 그가 태어나기 전부터 하나님이 그의 욕망, 그의 사랑, 그의 감정 전체를 국유화했다는 사실을 모르고 있고, 또 앞으로도 아마 이해하지 못할 것이라는 점이다.

"장가들고 싶습니다. 주선해주십시오." 삼손은 부모에게 반은 부탁하고 반은 요구한다. 성경에서는 보통 아들이 아버지에게 가서 특정한 여자를 아내로 맞게 해달라고 청하는데, 여기서 삼손은 아버지와 어머니 모두에게 요청을 한다는 점이 흥미롭다. 이제 여기서부터 그들은 거의 언제나 함께, 아버지와 어머니로 언급된다. 성경의 저자는 삼손의 어머니가 적어도 아버지만큼은 중요한 인물임을 계속 분명하게 보여주고 있는 것이다.

그들은 역시 함께, 하나의 목소리로 대답한다("그의 아버지와 어머니가 그를 타일렀다"). 그들은 보통 부모가 그런 상황에서 하는 이야기를 삼손에게 한다. "네 친척이나 네 백성의 딸들 가운데는 여자가 없느냐? 왜 너는 할례도 받지 않는 블레셋 사람을 아내로 맞으려고 하느냐?" 말을 바꾸자면, 왜 우리 민족 가운데 한 사람하고 결혼하지 않느냐, 하는 것이다.

삼손이 결혼하겠다고 한 여자는 외국인, 그러니까 다른 민족의 딸일 뿐 아니라, 이 다른 민족이란 이스라엘의 철천지원수 블레셋이기 때문이다. 블레셋 사람들은 철기 무기를 들고 연거푸 정복에 나서 이스라엘 사람들을 노예로 삼고, 이스라엘의 철기 개발을 막았다. "블레셋 사람들은 헤브라이 사람이 칼이나 창을 만드는 것을 허용하지 않았다."[12] 우리 이야기의 서두에도 나왔듯이, 실제로 그 이전 사십 년간, 블레셋은 이스라엘을 지배하고 괴롭혔다. 삼손이 속한 부족인 단 지파가 접경지대에 산

사자의 꿀 69

다는 것도 우리는 이미 알고 있다. 그곳에서 집을 짓고 땅을 일구며 사는 것은 힘들다. 계속 블레셋 등 강한 나라들과 싸움이 붙었기 때문이다. 이 계속되는 싸움에 단지파는 지쳤다. 자원은 고갈되고, 이스라엘 민족 내에서 문화적, 정치적, 사회적 영향력은 약해졌다.[13] (이런 맥락에서 야곱이 죽기 전 단에게 내린 축복은 약간 비현실적으로 들리기도 한다. 즉 희망이나 소망에 불과하다는 것이다. "단은 이스라엘의 한 지파 구실을 톡톡히 하여 백성을 정의로 다스릴 것이다." 그 뒤에 야곱은 다음과 같이 덧붙였는데, 아마 가쁜 숨을 몰아쉬고 있었을 것이다. "주님, 제가 주님의 구원을 기다립니다……")[14]

이것이 삼손과 블레셋 여자 사이에 움트던 관계의 배경에 자리 잡고 있는 민족적 맥락이다. 그러나 젊은 남자와 부모 사이에 벌어진 일 역시 흥미롭기 짝이 없다. 부모는 무엇보다도 혼란을 느낀다. 그들은(적어도 어머니는) 삼손이 자신의 민족을 블레셋에게서 구원할 운명을 타고났음을 알기 때문이다. 그런데 도대체 블레셋 여자와 뭘 하고 있는 짓인지? 그들이 "네 친척이나 네 백성의 딸들 가운데는 여자가 없느냐? 왜 너는 할례도 받지 않는 블레셋 사람을 아내로 맞으려고 하느냐?" 하고 말했을 때, 여기에는 분명 비난과 불평이 섞여 있다. "왜 남들처럼 하지 않는 것이냐?" 하는 이야기인 셈이다. 이 구절을 읽다가 우리 얼굴에 웃음이 번질지도 모른다. 우리가 부모로부터 지겹도록 들었던 말(그리고 내 자식에게는 절대 하지 않겠다고 맹세했던 말)과 너무 흡사하기 때문이다. 그러나 삼손 이야기는 희극이 아니다. 이것은 비극적인 이야기다. 무엇보다도 이 아이가 낯설기 때문이다. 부모와는 너무 다르기 때문이다. 이 점이 아주 선명하게 드러나기 때문에, 가끔 삼손과 부모는 서로 완전히 다른 존재 수준에 속한 것이 아닌가, 서로 건널 수 없는 간극으로 나뉜 두 영역에 속한 것이 아닌가 하는 생각이 들 정도다. 따라서 어느 부모나 늘 하는 진부한 이야기라 해도, 이 경우에는 치유할 수 없는, 가슴을 찢는 고뇌가 느껴질 수밖에 없다.

이제 삼손의 부모는 아들이 한 걸음을 내디딜 때마다 낯설고 다른 면이 점점 더 강하게 나타날 것임을 짐작하고 있을 것이다. 삼손은 어떤 의미에서는 다른 '재료'로, 태내에 있을 때 그에게 침투해 들어온 어떤 알 수 없는 이질적인 정수로 만들어졌다는 것이 모두에게 분명해질 것이다. 이런 점 때문에 그는 결코 그의 가족이나 그의 민족과 자연스럽게 또 조화롭게 연결될 수 없을 것이다.

그들은 삼손이 태어날 때부터 '남들처럼' 될 수 없다는 것, 다른 인간들처럼 될 수 없다는 것을 잘 안다. 사실 그들이야말로 그 이야기를 직접 들은 사람들이 아닌가. 그럼에도 그들은 애처롭게 왜 그렇게 될 수 없냐고 묻지 않을 수 없다. 그들의 아들을 징발하여 현재의 이런 모습으로 만들어놓은 하나님의 원대한 계획을 부모로서 아무런 망설임 없이, 뒤끝 없이 받아들이는 것이 매우 힘들기 때문이다. 부모는 둘 다 탯줄이 거칠게 끊어져 나가는 고통을 느낀다. 그 탯줄은 영원히 그렇게 분리되어 있을 것이다.

이 순간, 부모가 아들의 결정에 이의를 제기하는 순간, 삼손이 아버지의 눈을 똑바로 바라보는 모습이 떠오른다. 삼손은 그 표정으로, 자신은 그 여자가 '적당하다'고 생각한다는 점을 분명히 못박아두려 한다. 마노아는 돌연 자신의 둥지에서 부화한 낯선 새의 새끼 같은 이 아들을 늘 수상쩍게 생각한다. 예상치 못한 위험한 존재로 생각한다. 마노아는 정력적이고, 집요하고, 완강하고, 용감하고, 격한 성정의 아들과는 완전히 다른 사람이다. 텍스트에 따르면 삼손은 아버지와 어머니의 질문에 답하지 않는다. 삼손이 정말로 결심이 굳어서 그런 것인지, 아니면 "네 친척이나 네 백성의 딸들 가운데는 여자가 없느냐? 왜 너는 할례도 받지 않는 블레셋 사람을 아내로 맞으려고 하느냐?" 하는 부모의 고통에 찬 질문이 순간적으로 어떤 불안한 느낌을 촉발했기 때문인지 우리는 모른다. 이 침묵에서 그가 이 블레셋 아가씨에게 끌린 이유가 어쩌면 그렇게 뻔한 것, 또는 전적으로 '자연스러운' 것은 아닐 가능성이 희미하게 내비치는 것 같기도 하다.

삼손은 다시 마노아에게 말한다. "꼭 그 여자를 색시로 데려와주십시오. 그 여자는 나에게 딱 적당합니다." 삼손은 이번에는 아버지에게만 말한다. 아버지가 어머니보다 약하고 쉽게 흔들린다는 것을 알기 때문에 그랬는지도 모른다. 어쩌면 어머니의 눈길을 피하고 싶었기 때문인지도 모른다. 자신에게 '적당한' 여자에 대해 말하면서, 자신의 괴롭게 뒤엉킨 운명을 결정하는 데 주도적 역할을 했던—비록 원해서 한 것은 아니라 해도—여자를 똑바로 바라볼 수 없기 때문이다.

삼손과 아버지는 결투를 하듯 눈길을 교환한다. 지금은 삼손 개인의 역사에서 결정적인 순간이다. 다른 어려운 싸움들이 그를 기다리고 있지만, 지금 이 순간 처음으로 아버지의 권위(그리고 어머니의 권위)에 거역하려 하기 때문이다. 물론 삼손이 다른 사람들과 같지 않다는 것은 이런 상황이 닥치기 전에 이미 모든 사람에게 분명해졌을 것이다. 그의 잉태를 둘러싼 특별한 상황과 그가 선택받은 자로서 감당해야 할 드높은 임무에 관한 이야기가 가족 내에서 이야기되고 부족 사이에 퍼지면서 그런 인상을 강화해주었을 것이다. 한 번도 자른 적이 없는 그의 긴 머리카락 역시 모든 사람 앞에서 그가 **특별한** 인물임을 보여주었을 것이다. 그러나 지금은 삼손이 다른 사람들과 다를 뿐 아니라, 그 영혼이 외국인과, 적과 더 가까운 사람임을 선언하는 순간이다.

★ ★ ★

그들은 길을 간다. 삼손은 아버지, 어머니와 더불어 소라를 떠나 딤나의 여자에게로 간다. 좁은 길은 마른 가시나무들을 뚫고, 흙먼지가 낀 그루터기만 남은 늦여름의 밭을 지나 구불구불 이어진다.

다리가 긴 삼손은 성큼성큼 힘차게 딤나로 걸어간다.

보통 사람들은 그와 보조를 맞추기가 어렵다. 그의 부모는 틀림없이 가다가 몇 번씩 쉬며 가쁜 숨을 몰아쉴 것이다. 예를 들어 여기, 소라 능선의 남서쪽 꼭대기를 이루는 언덕 위에 멈추어 서서 소렉 골짜기를 굽어보며 숨을 돌리고 땀이 흐르는 얼굴을 훔쳤을 것이다. 그 시절에는 이 지역에 나무가 빽빽했다. "세펠라 평원지대의 뽕나무만큼이나 많았다"[15]는 말처럼, 한때 이 지역은 풍요의 비유에도 등장했다. 그러나 오늘날에는 나무가 드물어 민둥산이 되고 말았다. 뽕나무는 '유대 민족 기금'에서 심은 소나무로 바뀌었는데, 이 나무들은 레반트 지역의 열풍으로 인한 탁한 공기 때문에 거의 잿빛으로 보인다. 밑의 평원에는 도시 베이트 셰메시가 자리 잡고 있어, 도로와 지붕과 산업지대가 보인다. 그 주위를 둘러싼 냇물이 모이는 평탄한 집수지대는 햇빛에 거울처럼 반짝인다. 멀리서 뭔가 붉은 기운이 감도는 오렌지빛으로 활활 타오른다. 타는 듯 뜨거운 함신* 바람에 불이 붙은 나무인지도 모른다. 그냥 쓰레기가 타고 있는 것인지도 모른다. 삼손의 등은 능선 안부를 넘어 골짜기로, 딤나로 사

---

* 사월에 중동의 사막지대에 부는 무서운 모래 바람.

라진다.

여기, 딤나의 포도밭으로 들어가는 입구에서 삼손 앞에 사자가 으르렁거리며 나타난다. 당시에는 이스라엘 땅에 사자들이 살았지만 지금은 멸종되었다. 삼손에게 주의 영이 내려온다. 삼손은 눈 깜짝할 사이에 사자를 '염소 새끼 찢듯이' 찢어 죽인다. '손에 아무것도 가진 것 없이' 그런 일을 했지만, '그러나 그는 이 일을 부모에게 말하지 않았다.'

여기에서 두 가지를 해석하고 넘어가야 한다. 어째서 그의 부모는 이 싸움을 보지 못했을까? 이 수수께끼는 아주 간단한 설명으로 해결할 수 있다. 삼손은 부모보다 빨리 걷고 있었던 것이다. 그는 지름길을 알았지만 부모는 큰길만 따라갔을 수도 있다. 그것도 아니면 그의 부모는 딤나의 포도밭 한가운데를 걸어간 반면, 삼손은 포도와 어떤 식으로든 접하지 말라는 나실 사람의 금기를 어기지 않으려고 우회해 갔을지도 모른다.[16]

두번째 질문은 이보다 까다롭다. 삼손은 부모와 함께 걷다가 맨손으로 사자의 팔다리를 찢어발겼는데 부모에게 아무런 말도 하지 않는다. 왜 입을 다물고 있을까? 겸손 때문에? 아니면 하찮은 일이라고 생각하기 때문에?

하찮은 일이라고 생각했을 것 같지는 않다. 이 공적 자체가 대단하기도 하지만, 삼손이 계속 이 일을 머릿속에서 그려보고 심지어 자랑을 하기도 한다는 것이 곧 분명하게 나타나기 때문이다.

그렇다면 사자를 죽인 사건이 자신과 부모의 관계, 또는 한 걸음 나아가서 자신과 인간 전체의 관계와는 '관련'이 없는 일이라는 느낌 때문에 입을 다물고 있었던 건 아닐까? 말을 바꾸면 삼손은 사자와 싸운 일을 어떤 징조로, 자기 내부의 '주님의 영'과 교신하는 비밀 암호의 일부로 느꼈을 가능성이 있다는 것이다. 하나님이 그들 사이의 특별한 유대를 재확인하고, 설사 부모의 바람과는 어긋난다 해도 자신이 명령하는 길을 계속 가고 또 그를 이끄는 충동들을 신뢰하라고 말해주는 일종의 행동 언어였는지도 모른다는 것이다.

자신이 사자에게 한 일은 인간으로서는 상상할 수도 없는 일이기에 부모를 그런 일에 끌어들이지 않으려고 조심한 것은 아닐까? 자신이 그들과 다르다는, 그들과는 이질적인 존재라는 또 하나의 증거를 보여주지 않으려고? 삼손 같은 사람은 이런 식으로 증거가 나타날 때마다 부모와 자신의 거리가 조금씩 더 멀어질 뿐이라는 사실을 잘 알 것이기 때문이다. 이런 식으로 점점 쌓여가는 행동들이 그의 독특함을 보여주는 살아 있는 증거라 해도, 이로 인해 부모와 그의 거리가 벌어지기 때문에 매우 고통스러웠을 것이다. 그렇게 조금씩 더 차단이 되다가 마침내 완전한 추방에 이를 수도 있기 때문이다.

사자와 싸우는 동안 발견한 자신의 새로운 면에 스스로 겁을 집어먹었을 가능성도 있다. 그 동안 감추어져 있다가 처음으로 터져나온, 그 자신에게도 처음 드러난 초인적인 능력에 어쩌면 삼손 스스로도 충격을 받아, 삼손과 그의 새로운 자아, 즉 인류에게 온전히 속하지 않는 그의 새롭고 엄청난 자아 사이에 벽이 형성되었을지도 모른다.

태내에 있을 때부터 부모가 낯선 존재로 여겼던 사람, 그때부터 부모에게서 완전한 승인을 받지 못했던 이 사람은 영원히 자신을 약간은 의심할 수밖에 없는 운명에 처한 것인지도 모른다. 자기 존재의 낯설고 불가해한 측면을 경계할 수밖에 없는 것이다. 이것은 그의 부모에게 소식을 전해준 천사와 마찬가지로 '기적적이고', 신비하고, 알 수 없는, 따라서 늘 경이와 의심을 일으킬 수밖에 없는 측면이다. 여기서 한 걸음 더 나아가, 이렇게 자신을 의심하게 된 사람은 자신이 부모의 적출자가 맞는지만 의심하는 것이 아닐 수도 있다. 내가 과연 인간 가족의 '적출자'인가, '남들과 같은가' 하는 모호하면서도 쉽게 사그라지지 않는 의심이 계속 남는 것이다. 삼손은 이렇게 자신을 좀먹는 불신을 결코 떨쳐버릴 수가 없다. 그의 안에는 늘 낯선 자가 있다. 이 낯선 자는 정체를 감춘 적국의 승객일 수도 있고, 심지어 제5열이나 파괴공작원일 수도 있다.

삼손은 딤나에 도착하여 다시 블레셋 여자를 만난다. 가만히 아래위로 훑어보며 정말로 적당한지 마음에 쏙 드는지 다시 확인했을 것이 틀림없다(또 부모의 반응도 유심히 살펴보았을 것이다). 서술자는 이 만남 뒤에 다시 '삼손이 그 여자를 무척 좋아하였다'고, 그녀가 삼손에게 '적당했다'고 강조한다. 한편 독자는 이 새로운 사랑이 사실은 하나님이 블레셋에 반격하기 위해 선택한 계기라는 사실을 알기 때문에, 삼손의 로맨틱한 충동과 하나님이 그 충동을 이용해서 하려는 일 사이의 슬픈 괴리를 생각해보게 된다.

삼손은 '얼마 뒤에' 여자와 결혼하려고 돌아갔다가 자신이 '죽인 사자'에게 다시 가본다. 그냥 다시 가보는 것이 아니라, "길을 벗어나 자기가 죽인 사자가 있는 데로 가보았다." 다시 말하면, 죽은 사자를 다시 보려고 미래의 아내에게 가는 길로부터 벗어났다는 것이다.

물론 그에게 감정이입을 하는 것은 어려운 일이 아니다. 사자에게로 돌아가 내부에 은밀히 봉인되어 있던 영광의 순간을 다시 음미하고 싶은 욕구는 얼마든지 이해할 수 있다. 그러나 그가 전에 그곳에 간 뒤로 얼마의 시간의 흘렀기 때문에(여기서 '얼마'는 일 년일 수도 있다), 이 엄청난 일을 실제로 자신이 한 것인지, 혹시 꿈은 아니었는지 의심이 들기 시작했다고 상상해볼 수도 있다. 아니면 그저 자신이 위대한 승리를 기록한 곳에 돌아가고 싶은 욕구를 느꼈던 것뿐일까? 여자에게 가기 전에 자신의 사내다움을 다시 확인하고 싶어서?

삼손은 죽은 사자 앞에 서 있다가 '죽은 사자의 주검에 벌 떼가 있고 꿀이 고여 있는' 것을 보자 '손으로 꿀을 좀 뜬다.'[17) 이제 어른이 된 삼손—텍스트 어디에도 거인이라는 묘사는 없다—은 그 광경을 보고 놀라서 서 있다. 그의 눈앞에서 벌들이 해골 둘레를 붕붕거리며 날아다닌다. 사자 내부에는 꿀이 고여 있다. 삼손은 벌을 무서워하지 않고 손으로 꿀을 떠서 입에 넣는다. 그가 그렇게 쉽게, 순진하게, 아무 생각 없이 팔을 뻗는 것을 보고 독자들은 가슴이 떨린다. 그는 보고, 원하고, 가진다…… 그는 맨손으로 사자를 죽였듯이 맨손으로 사자 안에서 꿀을 뜬다. 국자로 떠서 단지에 넣는 것이 아니라 손으로 뜬다. 이어 "걸어가면서 먹고, 부모에게도 가져다주어 그들도 먹었으나, 그 꿀이 사자의 주검에서 떠온 것이라고는 말하지 않았다."

삼손을 보자. 겉은 다 큰 남자이지만, 안은 꿀을 핥는 어린 소년이다. 엄청난 육체적 힘과 미성숙하고 아이 같은 영혼 사이의 이 간극은 얼마나 놀랍고 또 가슴 저린가. 그는 걸어가면서 먹고, 걸어가면서 핥는다. 그러다 집에 도착하여 어머니와 아버지에게도 꿀을 준다. "그들도 먹었다." 아마 그의 손에 있는 것을 바로 먹을 것이다. 얼마나 놀랍고 관능적인 장면인가!

걸어가면서 꿀을 먹는 삼손이 뭔가 완전히 새로운 것을 분별해내기 시작했다고 상상한다면 지나친 것일까? 이 새로운 것은 이제부터 삼손의 삶의 바탕에 깔리게 될 것이며, 삼손이 집으로 향하는 동안 모습을 드러낸다. 이것은 사자의 주검이나 꿀맛과 관련된 개인적인 계시다. 이런 감각들이 그가 찾아가던 여자로 인해 생긴 감정과 연결되면서 얻은 계시이기도 하다……

이 놀라운 광경, 사자 속에 꿀이 든 광경을 보았을 때 거의 예언적이라 할 만한 새로운 직관이 삼손을 꿰뚫은 것처럼 보인다. 이 강력한 이미지의 엄청난 상징적 의미를 소화해내는 동안 그의 내부에서 뭔가가 태어난다. 새로운 인식 방법, 현실을 바라보는 완전히 새로운 방법이 태어난 것이다. 세계관이 달라졌다고 말해도 좋을 것이다.

삼손은 사자와 그 안에 고인 꿀을 바라본다. 그는 틀림없이 큰 영향을 받았다. 그랬으니까 이것이 결혼 잔치에서 그가 내는 수수께끼로 등장했을 것이다. 삼손은 자신이 창조해낸 특별한 광경을 본다. 사자를 죽인 것은 삼손이다. 삼손 덕분에 벌은 그곳에 집을 짓고 꿀을 만들었다. 그 달콤한 꿀이 이제 그의 입을 가득 채우고 있다…… 그의 감각기관이 이것저것 뒤섞는 가운데 삼손은 어떤 강력한 이미지 때문에 자기도 모르게 흥분한 것이 아닐까? 묘하게 아름답고, 매우 독특하고, 동시에 깊은 상징적 의미를 감춘 듯한 느낌을 주는 장면 때문에?

그런 순간을 어떻게 규정해야 할까? 우리는 이미 '계시'라는 말을 사용했다. 하지만 이것이 힘에서는 최고 수준에 이른 삼손이 갑자기 예술가가 세상을 보는 방식에 눈을 뜬 순간이기도 하다고 조심스럽게 덧붙이면 안 될까?

이야기의 이 단계에서 삼손을 예술가로 묘사하는 것이 이상하게 보일지도 모른다. 하지만 이 순간부터, 그가 사자의 꿀을 만난 순간부터 삼손은 현실, 자신이 접하게 되는 모든 현실을 다시 빚어내고 거기에 자신의 독특한 서명을 새기는, 그래, 이렇게 덧붙여도 좋다면, 자신의 스타일을 담아내는 분명한 경향을 보여주게 된다.

비록 삼손이 전통적인 또는 고전적인 의미의 예술가는 아닐지 몰라도, 사자의 주검을 마주보는 순간 여기에 자신을 위한 실마리가 감추어져 있다는 것을 느꼈을 가능성이 있다. 익숙하지 않은 새로운 차원의 현실로 이끌어주는 실마리다. 그 정도는 아니라 해도 적어도 단순한 수동적 관찰을 넘어서는 새로운 방식으로 현실을 보게 해주는 실마리다. 이런 새로운 인식에는 창조와 갱신의 힘이 담겨 있다. 이는 아마도 해골 속에서 붕붕거리는 생명에서 촉발되었을 것인데, 이렇게 새로 눈을 뜨면서 삼손은 자신의 독특함을 희생하지 않고도 타고난 낯선 외로움에서 어느 정도 벗어날 가능성을 얻었다.

삼손은 손바닥에서 꿀을 뚝뚝 떨어뜨리며 길을 간다. 집에 있는 어머니와 아버지를 향해 가는 것이다. 그는 비밀을 감추고 있는, 몸집이 커다란 아이다. 삼손은 두 손에 있는 꿀을 부모에게 먹인다. "그러나 그 꿀이 사자의 주검에서 떠온 것이라고는 말하지 않았다." 다시 말하면 이번에도 그는 부모에게 자신이 사자를 찢어 죽였다는 사실, 꿀을 그 주검에서 가져왔다는 사실을 말하지 않은 것이다. 놀라운 일은 부모도 삼손에게 아무것도 묻지 않는다는 것이다. 어쩌면 묻기가 두려웠는지도 모른다. 그들 사이에 입을 떡 벌리고 있는 간극을 드러낼지도 모르는 답을 듣는 것이 두려웠는지도 모른다.

그들이 입을 다물기 때문에 삼손도 입을 다문다. 어쩌면 삼손은 자신이 말을 하지 않아도, 어떤 암시를 하지 않아도, 부모에게 뭔가가 분명해지기를 바라는지도 모른다. 그들이 추측해주기를 바라는지도 모른다(아이들이 늘 부모가 자신을 찾아내주기를 바라듯이). 그들이 꿀의 출처에 대하여 어떤 가설을 세우기를, 또는 이 끈끈한 물질의 독특한 냄새에 대해 농담을 하기를 바라는지도 모른다. 그러다 보면 갑자기 날카로운 직관으로 삼손 자신, 아들의 진정한 자아와 관련하여, 이제까지 감추어져 있었거나 그들에게 드러나지 않았던 것을 추측하게 될지도 모르니까.

그럼에도, 이런 무거운 침묵에도 불구하고, 아니, 어쩌면 그런 침묵 때문에, 가족이 함께 모인 이 순간에 어떤 장난스러운 면, 삶의 기쁨, 심지어 유머가 넘치는 면이 나타난다. 이것은 성경의 다른 어느 곳에서도 유례를 찾아볼 수 없는 것이다. 그들은 아무 말도 하지 않고, 아무것도 묻지 않는다. 삼손 역시 아무런 말도 하지 않는다. 그럼에도 삼손이 두 손을 높이 흔들고, 틀림없이 그보다 키가 작았을 부모가 입을 크게 벌리고 혀를 내민 채 그를 향해 팔짝팔짝 뛰는 모습은 상상만 해도 매혹적이다. 삼손은 기뻐서 소리를 지르며 부모와 함께 놀았을 것이다. 그들을 어루만지고 그들을 위해 춤을 추었을 것이다. 여느 사람처럼 그들과 함께 웃음을 터뜨렸을 것이다. 꿀은 뚝뚝 떨어졌을 것이다. 꿀이 뺨을 타고 흘러내려 턱으로 미끄러지면 그들은 그것을 핥았을 것이다. 웃음은 점점 커져 눈물이 찔끔찔끔 나올 지경이었을 것이다……

삼손은 이 꿀방울들을 가지고 부모에게 다른 방식으

로는 할 수 없는 말을 하고 있다. 부모에게 이 말을 하고 싶은 마음이 너무 다급했던 나머지 삼손은 자기가 어디로 가고 있었는지도 잊어버렸다. 기억하겠지만, 그는 딤나로 가는 중이었다! 무슨 일이 있었기에 갑자기 그가 방향을 틀어 집으로, 아버지와 어머니에게로 갔을까? 장가를 들러 가는 중이었다는 사실을 깜빡 잊은 것일까? (물론 여기서 게르소니데스의 말이 다시 그럴듯하게 들릴 수 있다. 삼손은 "마치 이쪽저쪽으로 흔들리며 소리를 내는 종과 같다.")

이런 자연발생적인, 거의 본능적인 행동에서 우리는 삼손이 부모를 떠나 성숙한 성인으로서 살아가고자 하는 욕망과 부모와 함께 살면서 계속 그들의 인정을 받고 싶은 갈망 사이에서 얼마나 심하게 동요하는지 분명하게 알 수 있다. 삼손을 그들과 연결시키고 있는 탯줄은 이 이야기 전체에 걸쳐 계속 늘었다 줄었다 할 것이다. 어쩌면 이 탯줄이 처음부터 삼손과 그의 어머니를 매우 특이한 방식으로 묶고 있기 때문에, 그 유대가 자연스러운 방식으로는 잘 끊어지지 않는 것인지도 모른다. 여기에서부터 벌써 우리는 궁금증을 느낀다. 혹시 이런 양면성 때문에 삼손은 평생 다른 여자, 이 탯줄을 진정으로 끊어버리고 삼손과 자연스럽게 연결될 수 있는 여자, 아내로서 남편과 연결될 수 있는 여자를 사랑하지 못하는 것은 아닐까?

이 질문은 때가 되면 다시 하게 될 것이다. 일단 삼손은 그들과, 그의 부모와 함께 있다. 그들은 그가 그릇 모양으로 우묵하게 만든 두 손에서 꿀을 받아먹고 있다. 앞서도 말했듯이, 삼손 자신이 말로 표현하는 방법을 알 수 없었던 것, 그러나 늘 부모에게 설명하고 싶은 마음이 간절했던 것을 구체화해준 것이 어쩌면 사자의 내부에서 뜬 바로 이 꿀, 이 '사자가 된' 꿀이었는지도 모른다. 그것은 태내에서 선포된 운명이 그를 부모와 단절시키고 드러나지 않은 하나님의 목적을 위해 그의 삶을 전유(專有)해버렸음에도 불구하고, 그에게 거대한 근육과 비할 데 없는 힘이 있음에도 불구하고, 그는 여전히 그들의 이해, 그들의 사랑, 그들의 되풀이되는 인정을 간절히 원한다는 사실을 알아달라는 것이었다. 삼손은 자신의 손가락을 빠는 부모에게 이렇게 말하는 것이나 다름없다. "자, 보세요. 내 안에 있는 것, 이 근육들, 사자와 같은 근육들, 자르는 것이 금지된 이 갈기 밑에 있는 것을 보세요. 나에게 부과된 사명, 나에게 선고된 당당한 운명 아래 있는 것을 보세요. 내 내부를 보세요. 한 번만, 내 안을 깊이 봐주세요. 그러면 마침내 '강한 자에게서 단 것이 나오는 것'을 보게 될 겁니다."

삼손의 부모는 그의 두 손에서 계속 꿀을 핥지만, 장난스러운 분위기와 웃음이 희미해지면서 다시 오래된 불안에 시달리기 시작한다. 그들은 아들을 똑바로 바라보지 못한다. 한 번도 그들이 아들의 맘에 쏙 든 적이 없었다는 느낌 때문이다. 물론 그들도 자신들과 가까워지고 싶다는, 소박하고, 가정적이고, 가족적인 친밀감을 느끼고 싶다는 그의 요구와 욕구를 느낀다. 그들 역시 삼손과 함께 있으면서, 자신들을 사랑하는 그의 마음을 느끼고 싶고, 다른 부모들처럼 온 마음으로 자식을 사랑하고 싶다. 그러나 늘 장벽이 있다. 뭔가가 늘 막아선다. 물론 이것 때문에 그를 자랑스러워하는 것이기도 하다. 하지만 정확히 이해하지는 못하겠다. 자식이 중요한 사람이라는 것은 알겠지만, 온전히 사랑하게 되지는 않는다.

또한 그들은 삼손이 자신들의 권위를 받아들이지 않으리라는 사실을 분명하게 알고 있다. 그가 결혼하겠다고 고집을 부린 블레셋 여자 문제는 물론이거니와 다른 문제에서도 마찬가지일 것이다. 삼손은 그들보다 더 큰 힘을 가진 권위에 복종하고 있기 때문이다. 그들은 고통스럽지만, 심지어 일말의 수치감마저 느끼지만, 삼손이 인생에서 혼자 자기 길을 갈 운명임을, 다른 어느 길과도 다른 그만의 길을 갈 운명임을 알고 있다. 따라서 그들은 아들에게 가르칠 것이 없다. 그들의 삶이나 경험으로는 그런 사람의 부모가 될 자격이 없다. 심지어 이 꿀, 어디서 왔는지 하나님만이 아시는 이 꿀도 마지못해 맛보고 있다. 여기에서 어떤 비밀이 뚝뚝 떨어진다고 느끼지만, 아들이 자신들에게 하고 싶어하는 말을 이해하지 못하듯이 그 비밀 역시 헤아리지 못한다.

그들의 이해력이 이렇게 제한되어 있기 때문에, 삼손은 자신에 대한, 자신의 내부에 감추어진 숨막힐 듯한 수수께끼에 대한 부모의 불안을 잠재우고 싶어하는 것이 아닐까? 우리는 그런 느낌을 강하게 받는다. 삼손은 부모를 달콤함으로 둘러싸고, 그 끈적거리는 꿀로 부모를 자신에게 묶으려 한다. 삼손은 그들에게 자신을 믿어달라고, 신뢰해달라고, 자신은 정말로 그들의 것이라는 확신을 가져달라고, 자신의 잉태를 둘러싼 비정상적인 정황에도 불구하고 그들은 진정으로 자신의 부모라고, 자신은 자기 나름의 이상한 방식으로 그들에게 충성하고 있다고 호소한다.

이는 배신의 분위기 때문이다. 이 배신은 말로 표현되지도 않았고, 규정되지도 않았다. 또한 이것은 '전형적인' 배신이다. 삼손의 출생을 둘러싸고 흔히 입에 오르내리는 종류의 배신, 그러니까 그의 어머니가 남편을 배신하고 수수께끼의 낯선 사람과 관계를 맺었다는 등의 이야기가 아니라, 어쩌면 더 깊고 더 파괴적인 것일 수도 있다. 자식이 태내에 있을 때부터 낯설다는 느낌을 가지게 되었다면 — 이 때문에 태아를 둘러싼 자궁의 한 번의 수축만큼이나 순간적으로 본능적인 거부감이 나타났다 사라졌는지도 모른다 — 이 아이한테서 도대체 어떤 것이 터져나올지 모른다는 의문과 두려움, 심지어 의심을 가지게 되었다면, 이런 느낌이 가족에게 늘 드리워져 있었다면, 배신의 느낌은 항상 있었다고도 말할 수 있다. 더 구체적으로 말하면, 배신당했다는 느낌이다. 깊이 감추어져 있지만, 사실 이것은 **상호적인** 것이다. 물론 그들 누구도 이것을 원치 않았다. 그러나 세 사람 모두에게 그렇게 정해졌다. 삼손은 평생 이 느낌을 안고 살아갈 것이다. 그의 모든 행동은 이 느낌을 가까이서 이해하고, 이 느낌 때문에 애통해하고, 이 느낌을 계속 되새겨보는 데 바쳐질 것이다.

 넓은 세상 속의 세 사람. 태어나기도 전에 '국유화'된 아들을 둔 부부. 실질적으로 고아나 다름없이 태어난 아들. 삼손의 삶에서 서로 모순되는 이중의 임무는 얼마나 감당하기 어려웠을까? 자신의 모든 특별한 성향들을 유지하면서 자기 자신이 되는 동시에 자신과는 매우 다른 부모에게 충실한 생활을 하는 것. 여기서 일단 그들 곁을 떠나기로 하자. 세상의 모든 꿀로도 이 순간을 달콤하게 해줄 수는 없을 것이니.

★ ★ ★

 삼손은 결혼을 하기 위해 딤나로 돌아간다. 이번에는 아버지하고만 간다. 궁금증이 생긴다. 이것이 관례일까? 아니면 그의 어머니는 어떤 이유가 있어서 아들의 결혼식에 참석하지 않기로 결정했을까? 만일 그렇다면 이런 냉담한 행동을 어떻게 해석할 것인가? 삼손이 자신의 말을 안 듣고 블레셋 여자와 결혼하겠다고 결정한 것에 그녀 나름으로 항의하는 것인가? 아니면 어머니다운 날카로운 직관으로 이 결혼에서 좋은 결과가 나오기 힘들다고 느꼈기 때문에 결혼에 동의하기를 거부한 것일까? 신부 때문만이 아니라, 말로는 표현할 수 없지만 그럼에도 분명하게 인식할 수 있는 어떤 미묘한 이유로 아들이 결혼해서 살아갈 사람이 아니라고 느꼈기 때문은 아닐까?

"삼손은 신랑들이 장가갈 때 하는 풍습을 따라서 거기에서 잔치를 베풀었다."

여기에 이르면 독자들은 드디어 삼손이 '여느 사람처럼' 어떤 일을 하기 위해 노력한다고 생각하게 된다. 그러나 독자들의 이런 소박한 소망마저 충족될 수 없다는 것이 곧 밝혀진다. 블레셋 사람들은 삼손을 보자 결혼 잔치 동안 삼손과 벗을 해줄 '친구(mere'im)' 서른 명을 골랐다. 왜 그렇게 했는지는 알 수 없다. 그러나 그의 외모, 그의 분명한 힘, 또 어쩌면 그에게 늘 깔려 있는 불안하고 거친 분위기 때문에 문제가 생기는 것을 막기 위해 그를 사람의 벽으로 둘러싸려 했을지도 모른다. 서술자는 이 친구들이 누구인지 말하지 않지만, 삼손이 결혼식에서조차 진정한 벗이 없었다는 것만은 분명하다. 그냥 옆에 함께 있는 '친구'만 있었을 뿐이다(헤브라이에서 악을 뜻하는 ra가 포함된 이 mere'im이라는 말은 발음 자체가 느낌이 좋지 않다).

결혼 잔치가 시작되자마자 삼손은 손님들에게 도전을 한다. "내가 여러분에게 수수께끼를 하나 내려고 하는데, 잔치가 계속되는 이레 동안에 알아맞히어 보시오. 여러분이 알아맞히면 내가 모시옷 서른 벌과 겉옷 서른 벌을 내놓고, 맞히지 못하면 여러분이 나에게 모시옷 서른 벌과 겉옷 서른 벌을 주도록 하는 것이 어떻소?"

블레셋 사람들이 조건에 동의하자 삼손은 수수께끼를 낸다. "먹는 자에게서 먹는 것이 나오고, 강한 자에게서 단 것이 나왔다."

사실 삼손이 입을 열 때마다 놀라운 시구가 튀어나온다. 그의 행동들이 증명하듯이 그는 공포와 반발을 불러일으키는 사람이다. 그는 엄청난 상해와 파괴를 자행할 수 있는 사람으로, 가는 곳마다 핏자국을 남긴다. 말하자면 그는 세계에 심어져 하나님의 의지에 따라 치명적 무기로 작동하는 일종의 골렘*이다.[18]

그런데 갑자기 수수께끼라니. 그것도 교묘하고, 미묘하고, 서정적인 문제라니.

삼손은 그의 엄청난 근육이 발휘하는 힘을 보여주어

---

* 생명이 주어진 인조인간.

손님들을 즐겁게 할 수도 있을 것이다. 아니면 몸으로 어떤 놀라운 곡예를 보여줄 수도 있을 것이다. 건물을 지탱하는 기둥을 무너뜨리는 것 같은 위험한 일이 아니라, 그냥 보는 사람들이 입을 떡 벌리게 만드는 어떤 놀라운 일을.

그러나 삼손은 대신 수수께끼를 낸다. 보통 수수께끼가 아니라, 그들이 풀 수 없다는 것을 뻔히 알고 있는 수수께끼이다. 그들이 이미 알고 있는 것을 바탕으로 해결할 수 있는 수수께끼도 아니고, 그들이 생각해서 풀 수 있는 논리적인 문제도 아니기 때문이다. 즉 삼손은 그들이 도저히 답을 알 수 없는 수수께끼를 던졌다는 뜻이다.

사흘, 닷새, 이레가 지나면서 블레셋 사람들은 삼손이 쳐놓은 함정에 점점 더 깊이 빠져든다. 잔치는 계속되지만 분위기는 험악해진다. 수수께끼가 잔치 분위기를 지배하면서 점차 이런 분위기가 문제 자체보다 더 크게 느껴진다. 마침내 독자의 관심은 문제로부터 그 문제를 낸 사람과 그의 동기로 옮겨가게 된다.

삼손은 꼬박 이레 동안 하객들 사이를 돌아다니며, 그들의 무지, 호기심, 점점 쌓여가는 분노를 가지고 논다. 이따금 수수께끼를 풀려는 그들의 서툰 시도에 귀를 기울이다 고개를 저으며 정중하게, 그러나 은근히 조롱하는 투로 즐거운 기색을 감추지 않고 틀렸다고 대답한다. 그는 나실 사람의 금기 때문에 하객들에게 주는 포도주를 마시지 않는다. 하객들은 물론 술을 삼가지 않는다. 좌절과 분노를 술에 묻어 삼키려는 것이다. 그들 모두 술을 마시는데 삼손 혼자 마시지 않기 때문에 그에 대한 반감은 더 강해진다. 간단히 말해서 블레셋 사람들은 처음 하루 이틀이 지나자마자 이 수수께끼가 지겨워졌을 것이라고 가정해볼 수 있다. 물론 이 괴상하고 낯선 사람의 영혼 깊은 곳을 탐사해볼 의도는 처음부터 없었다. 그들은 이 상황 전체에 격분하고 있다. 특히 삼손에게 모시옷 서른 벌과 겉옷 서른 벌을 주어야 한다는 데 약이 올라 있다.

"먹는 자에게서 먹는 것이 나오고, 강한 자에게서 단 것이 나왔다."

답을 할 수 없는 수수께끼를 계속 들이대는 것보다 사람을 미치게 만드는 것도 드물 것이다(아무리 철저한 유대 애국자라도 성경에서 블레셋 사람들과 완전히 동일시할 수 있는 유일한 대목이 아마 삼손의 수수께끼 부분일 것이다). 삼손이 벌어지고 있는 상황을 내심 얼마나 즐기고 있을지 충분히 짐작이 간다. 수수께끼를 풀지 못하는 그들의 무능력으로부터, 답을 찾는 자들과 아슬아슬하게 그들의 손을 빠져나가는 답 사이의 에로틱한 느낌을 주는—수수께끼를 낸 사람이 보기에—마찰로부터.

그리고 어쩌면—

어쩌면 삼손이 이처럼 풀 수 없는 수수께끼를 낸 것은 내부에 커다란 수수께끼—그 자신도 풀지 못하는 수수께끼—를 느끼며 평생을 살아온 사람으로서 어떤 방식으로든 사람들을 어리둥절한 상황으로 몰아넣으려는 큰 강박감을 느끼기 때문이 아닐까? 이런 식으로 사흘, 닷새, 이레가 지나자 수수께끼를 낸 사람 자신이 수수께끼로 변해버린다. 부글거리는 비밀을 담은 커다란 그릇, 언제 터질지 모르는 그릇으로 변하는 것이다……

삼손은 바로 이런 상황을 노렸던 것인지도 모른다. 이번에만 이런 것이 아니다. 삼손은 걸어다니는 수수께끼처럼 자신의 비밀에, 자신의 신비에 스스로 놀라며 인생을 헤쳐간다. 그는 다른 사람들에게 발각당할 수도 있는 아슬아슬한 지경까지 위험하게 다가가는 것을 즐긴다. 아니, '즐긴다'는 말은 부정확하다. 이런 지경으로 내몰린다고 말하는 것이 더 정확할 듯하다. 이런 느낌, 자신이 불가해한 존재라는 이런 인식, 자신의 낯섦으로부터 또 내부의 신비로부터 풀려날 수 없다는 그 씁쓸한 인식과 어쩔 수 없이 대면해야 하는 것이다.

일곱째 날 친구들은 완전히 지쳤다. 지겹다. 그들은 삼손의 부인에게 분명하게 말한다. "신랑을 꾀어서, 그가 우리에게 낸 그 수수께끼의 해답을 알아내서 우리에게 알려라. 그러지 않으면 새댁과 새댁의 친정집을 불살라버리겠다."

텍스트는 또 말한다. "그의 아내는 삼손에게 이레나 계속되는 잔치 기간에 계속 울면서 졸라댔다."

말을 바꾸면, 삼손은 일주일 내내 '친구'들의 팽창하는 분노 외에도 아내의 시끄러운 울음을 견디었다는 것이다! 그녀는 이레 동안 울면서 답을 말해달라고 삼손을 괴롭혔지만, 그래도 삼손은 입을 다물고 있다. 이 여자는 그녀와 결혼하지 말라는 부모의 간청조차 무시했을 정도로 삼손의 맘에 쏙 들었던 존재다. 그런데 삼손은 거리낌없이 그녀에게 큰 괴로움을 안겨주려 한다. 심지어 그녀를 학대할 것 같은 분위기다.

도대체 왜? 이 여자, 인생의 첫 여자에게 그녀조차 자신을 완전히 알 수 없을 것이라고 말하고 싶기 때문일까? 아니면 이 이레라는 기간은 삼손이 자신에게 설정한 일종의 철저한 입문 의식, 자신의 경계를 확정하는 개인적인 의식이 진행되는 기간일까? 다시 말해, 자신의 영혼의 지성소(至聖所, sanctum sanctorum), 자신의 비밀이 감추어진 곳으로 다른 사람—심지어 그가 사랑하는 사람이라 할지라도—을 들이고 싶은 마음에 한계를 설정하는 기간일까?

"당신은 나를 미워할 뿐이지, 사랑하지는 않아요." 여자는 비통하게 울부짖는다. "그러니까 당신이 나의 나라 사람들에게 수수께끼를 내놓고도, 나에게는 해답을 가르쳐주지 않았지요……"

그러나 그녀의 말을 듣다 보면, 이 젊은 신부의 불평에는 부부 싸움보다 더 크고 더 복잡한 문제가 섞여 있는 듯한 느낌이 든다. 지금 나온 수수께끼보다 훨씬 더 크고 복잡한 수수께끼. 즉 고대부터 우리 시대에 이르기까지 세계 여러 민족들이 인식해온 유대 민족의 난제, 다른 사람들이 유대인과 접촉할 때 느꼈던, 또 지금도 느끼고 있는 궁금증과 의심, 그들의 관점에서 보았을 때 유대인을 둘러싼 신비하고, 뭔가 다르고, 왠지 고립된 듯한 분위기. 그러나 그런 깊은 생각은 옆으로 밀어두고 다시 신랑과 신부에게, 그들의 첫 부부 싸움으로 돌아가보자. 이 싸움은 일주일 내내 지속되었으며, 눈물과 잔소리와 고집스러운 거부로 뒤범벅이 된다. 마침내 신랑은 인내심을 잃고 신부를 향해 쏘아붙인다. "이것 봐요. 내 부모에게도 알려드리지 않았는데 어떻게 당신에게 말할 수 있겠소?"

서술자는 삼손에게 호의를 베풀어 그의 부인의 반응은 기록하지 않은 것으로 보인다.

"그러므로 남자는 아버지와 어머니를 떠나, 아내와 결합하여 한 몸을 이루는 것이다." 창세기는 그렇게 말한다.[19] 사실 결혼의 의미란 무엇보다도 남자가 부모를 떠나 친밀한 짝이 될 여자를 선택하는 것이다. 그러나 삼손의 말을 들어보면 그에게는 이 문제가 그렇게 선명하지 않은 것 같다. 부모를 떠나 '한 몸'을 이루는 일을 실제로 이행하는 과정에서 느슨함과 모호함이 느껴진다. "이것 봐요. 내 부모에게도 알려드리지 않았는데"—삼손은 방금 자신과 결혼한 여자에게 말하고 있다—"어떻게 당신에게 말할 수 있겠소?" 삼손은 자신의 결혼 잔치 한가운데서 아이처럼 고집스러운 태도로, 마치 어린아이처럼 으스대는 태도로, 가까움과 친밀함의 문제에서는 여전히 부모가 우위에 있다고 선언한 것이다.

 그러나 그녀의 잔소리 때문인지, 아니면 아내에게 약간은 자랑을 하고 싶은 아주 평범한 인간적 유혹 때문인지, 결국 삼손은 결의가 흔들려 그녀에게 답을 말해준다. 텍스트는 삼손이 그녀에게 정확히 무슨 말을 했는지, 또 더 중요한 문제로 그가 어떻게 이야기했는지는 말하지 않는다. 삼손이 사자와 싸우던 과정을 묘사하면서 자랑을 했을까? 아니면 겸손한 태도였을까? 아니면 그냥 건조하게 사실만 전달했을까? 혹시 이야기하다 스스로 흥분하여 몇 가지 다채로운 세목을 보탰을까? 예를 들어 햇빛에 표백된 사자 갈비뼈들 사이에서 반짝거리는 꿀과 붕붕거리며 날아다니는 벌떼 같은 보기 힘든 광경을 묘사한다든가……

 만일 삼손이 그녀에게 모든 이야기를 한다면, 싸우는 동안 그에게 일어난 일과 그 후에 그가 느낀 것, 사자의 주검 앞에 서서 느낀 것, 또 꿀의 맛과 벌의 붕붕거리는 소리까지 다 이야기한다면, 아내가 자신에게서 새로운 매력을 느끼게 할 목적으로 그런 이야기를 하는 것일까? 혹 부모가 이해하지 못하는 것을 아내가 이해해주기를 바라는 것일까?

그래서 어떻게 될까? 아내는 놀란 얼굴로, 궁금한 얼굴로 남편을 바라볼까? 혼란을 느낄까? 아니면 혐오감을 느낄까? 그것도 아니면 갑자기 보기보다 훨씬 큰 사람임을 깨닫고 자신의 남자를 보며 새삼스럽게 거친 흥분을 느낄까? 신부도 신랑이 이 말을 전하면서 뭔가 추가로 전달하는 것이 있음을 느낄까? 이 수수께끼에 대한 답만이 아니라, 삼손이라는 수수께끼에 대한 해법의 실마리도 제시하고 있다는 것을?

여기에 이렇게 많은 질문들이 쌓이는 것은 이것이 결국 삼손에게 운명적인 순간이기 때문이다. 삼손이 수수께끼 뒤에 놓인 것에 관해 아내에게 조금이라도 암시를 준 것이라면, 누군가에게 자신의 감추어진 기적적인 측면의 뭔가를 처음 드러내는 셈이 된다. 부모에게도 밝히지 않았던 사건을 이야기한 것 역시 이번이 처음인 셈이다.

그러나 여자는 내외의 동시적인 압력에 의해 갈가리 찢겨나갈 것 같은 상황이었기 때문에 비밀을 공유하는 사람이라는 위치를 감당할 수가 없다. 신부는 자기 동족이 죽도록 두려웠기 때문에 그들에게 답을 말해주고 만다.

잠시, 소망을 섞어, 우리가 이름도 알지 못하는 이 여자가 실제로 삼손이 신뢰할 만한 여자였을 가능성을 생각해보자. 그랬다면 어떤 일이 생겼을까? 그 뒤에 삼손의 삶은 어떻게 되었을까? 만일 그녀가 그의 안을 들여다볼 수 있었다면, 실제로 있는 그대로 볼 수 있었다면? 이 외국인이 태어나기도 전에 벌어졌던 일을, 영원한 무소속의 상태를 헤아릴 수 있었다면? 사자를 맨손으로 찢어발기고 나서 그 주검 속의 꿀이라는 영락없는 시(詩) 앞에서 녹아버린 사람을 볼 수 있었다면? 그의 가장 큰 소망은 한 사람이 단순하게, 온전하게, 자연스럽게 자신을 사랑해주는 것, 그의 기적적인 특징 때문이 아니라 그것에도 불구하고 자신을 사랑해주는 것일 가능성, 그 기적적 가능성을 끌어안을 수 있었다면?

삼손이 이 여자를 사랑했다고 분명하게 언급되어 있지는 않지만, 그녀에 관하여 서술된 것은 삼손에게는 매우 중요한 면이었을 것이다. 여자는 그에게 '적당해' 보였다. 헤브라이어로는 Yesharah라고 하는데, 이 말은 '곧다' 또는 '정직하다'라는 의미를 가진 단어에서 나왔다. 말을 바꾸면 그녀는 그가 보기에 정직한 면이 있었다는 것이다. 아마 삼손이 평생에 걸쳐 다른 사람들에게서 보아왔던 비꼼이나 표리부동에서 벗어난 사람이었을 것이다. 그녀의 이런 '곧은 면'은 삼손에게 마음의 평화의 가능성, 고요의 가능성을 약속했다. 삼손은 그녀가 자신을 바라보는 눈길에서 마침내 자신이 있는 그대로 받아들여졌다는 느낌을 받았을 것이고, 아마 이 점 때문에 삼손은 딤나의 여자를 처음 선택했을 것이다.

그러나 그녀 역시 그를 배신했다. 그것도 즉시. 사실 그는 이런 사태를 예측했을 수도 있다. 어쩌면 애초에 그녀에게 그런 이중의 충성, 즉 그 자신과 그녀의 민족 양쪽에 대한 충성이라는 굴레를 씌우지 말았어야 했는지도 모른다. 그럼에도 삼손은 그렇게 했다. 그리고 결과적으로 명석하게 그녀의 배신을 '유도'했다. 그녀가 자신을 배신할 운명으로 밀어넣은 것이다. 따라서 이것이야말로 외려 삼손이 원했던 것이 아닌가 하는 곤혹스러운 의심이 생겨난다.[20]

블레셋 사람들이 대답한다. "무엇이 꿀보다 더 달겠으며, 무엇이 사자보다 더 강하겠느냐?" 지금 대답하는 사람들은 '친구'들이 아니라 '성읍 사람'들이다. 말을 바꾸면, 이제 그의 내밀한 비밀이 드러났을 뿐 아니라, 그 비밀은 결혼 잔치판을 넘어서 딤나 성읍 전체로 퍼져 그 거주자들이 다 아는 일이 되어버린 것이다. 삼손은 열을 낸다. "나의 암소로 밭을 갈지 않았더라면, 이 수수께끼의 해답을 어찌 찾았으랴." 그는 그렇게 고함을 지르는데, 이것은 성적인 함의가 가득한 비난이다. (삼손은 격분한 상태에서도 시적으로 다듬어진 표현을 사용한다.) 물론 그는 격분해 있고, 이것은 결국 계략으로 자신을 이긴 친구들에게 자연스럽게 표출된 인간적 분노다. 그러나 그가 더 성이 나는 것은 아내의 불충 때문이다. 생전 처음으로 과감하게, 전에는 자신에게만 속했던 내면의 장소, 거친 힘 내부의 달콤한 장소에 다른 사람이 가까이 다가오게 했는데, 하필이면 바로 그곳에서 배신을 당했으니까.

삼손이 신부에게 자신의 비밀을 이야기하자마자, 그렇게 해서 고백 후에 화해를 할 수 있는 드문 순간을 맞이하자마자, 그들의 내밀한 공간은 갑자기 낯선 사람들로 가득 차게 된다. 삼손을 사로잡은 강렬한 고통, 그의 존재의 이름 붙일 수 없고, 표현할 수 없는 핵을 꿰뚫는 고통은 상상만 할 수 있을 뿐이다. 이 고통은 어머니와 태아가 '만나는 곳'에 낯선 사람이 침입했던 그 원초적인 내밀한 순간까지 거슬러 올라간다.

이런 무시무시한 분노에는 다른 이유가 있을 수도 있는데, 이것은 미래에 벌어질 그의 복수와 대량 학살 행위의 근거가 된다.

  신부와 친구들 사이의 대화를 상상해보자. 성경의 텍스트에 따르면, 아내가 가서 "그 해답을 자기 동족 사람들에게 알려주었다." 혹시 그녀는 사람들에게 그 이상을 드러내지 않았을까? 혹시 방금 알아낸 삼손의 더 깊은 진실도 이야기하지 않았을까? 물론 삼손이 그녀에게 드러낸 것의 의미를 그녀가 완전하게 파악했다고 말하기는 어렵다. 블레셋 사람들이 삼손한테 한 대답을 가만히 살펴보면 사람들은 신부가 해준 이야기를 듣고 나서도 여전히 별로 아는 것이 없다는 인상을 받게 된다. 삼손에 관해서도, 그의 수수께끼가 암시하는 큰 사건에 관해서도. 그들은 신부에게서 벌어진 일의 핵심적인 줄거리만, 죽은 사자와 꿀에 대한 약간의 이야기만 들은 것으로 보인다. 그리고 그 얼마 안 되는 것을 가지고, 삼손에게 맞서서 실제로 아는 것보다 더 많이 아는 척한다.

  이것은 추측일 뿐이다. 그러나 이 추측에 일리가 있다면, 무엇보다도 삼손의 화를 돋운 것은 블레셋 사람들의 답변이 아주 간략하다는 점, 즉 그들이 너무 영리하고 간결하게 응답했다는 점 때문이었을 가능성이 있다.

  삼손은 그들의 입으로부터 "무엇이 꿀보다 더 달겠으

며, 무엇이 사자보다 더 강하겠느냐?" 하는 말을 들을 때, 자신이 그렇게 귀중하게 여기던 비밀, 자신이 독특한 존재, 선택받은 존재라는 사실을 표현해주던 비밀이 더럽혀지고 초라해졌다고, 농담거리로 변해버렸다고, 운율이 반복되는 그럴싸한 한 줄짜리 시구로 증류되었다고 느낀다. 보물이 순식간에 닳아빠진 지폐로, '성읍 사람들' 누구라도—설사 거기에 감추어진 내용을 이해하지 못한다 해도—친구에게 전할 수 있는 값싼 소문으로 변해버린 것이다.

라이너 마리아 릴케는 『젊은 시인에게 보내는 편지』에서 이렇게 말한다. "이러한 신비를 그릇되게, 나쁘게 살아내는 사람들(이런 사람들이 아주 많은데)은 오직 그 자신만 이 신비를 잃어버릴 뿐이며, 봉인한 편지를 전하듯이 다른 사람에게 자기도 모르는 새 그 신비를 전달한다."[21]

이 심오한 말을 삼손의 삶에 비추어보면, 아이러니와 페이소스를 오가는 그의 모습이 드러난다. 삼손 자신은 비밀, 신비를 가지고 있다. 그러나 그는 '이 신비를 나쁘게 살아내는' 경우가 많다(우리가 곧 만나게 될 가사의 창녀의 경우처럼). 그는 그 신비를 '봉인한 편지처럼' 전달할 운명을 타고난 사람같이 행동할 때가 가끔 있다. 다시 말하면, 그를 선택한 하나님의 계획, 태내에서 그의 내부에 빚어진 신비를 충분히 이해하지 못하고 몸으로만 수행한다는 것이다.

어쨌든 한 가지는 확실하다. 사람은 자신의 비밀이 낯선 사람들, 그 비밀을 이해하지도 못하고 그것을 들을 자격도 없는 사람들 사이에 장난감처럼 던져지면 반드시, 반드시 깊은 수치감을 느낀다는 것이다. 삼손이 그의 괴로움을 즐기는 '친구들'로부터 자신의 수수께끼에 대한 답을 들었을 때 틀림없이 그런 기분이었을 것이다. 우리는 지금 삼손 이야기를 하고 있지만, 어쩌면 이것은 예술가가 자신의 필생의 작업을 사람들 앞에 내보였다가 이해를 얻지 못하고 냉담한 반응을 얻었을 때, 심지어 조롱 섞인 반응을 얻었을 때 느끼는 것과 비슷할지도 모른다.

삼손은 분노와 수치감으로 불타올라 아스글론으로 내려가 그곳에서 블레셋 사람 서른 명을 죽인다.

삼손은 왜 40킬로미터 정도 떨어진 거리에 있는 아스글론까지 갔을까? 딤나에서 불과 5킬로미터 거리에 있는 블레셋 도시 에그론으로 갈 수도 있었을 텐데 말이다. 왜 삼손은 블레셋 영토를 수십 킬로미터나 돌아다니는 쪽을 택했을까? 어쩌면 답은 질문에 들어 있는지도 모른다. 삼손은 가능한 한 블레셋의 삶 속으로 깊이 파고들 필요를 느낀 것은 아닐까? 외국인들, 조롱하는 사람들, 자신을 싫어하는 사람들과 더 부대낄 필요를 느꼈던 것은 아닐까?

삼손은 무고한 사람 서른 명을 죽인다. 그들은 불운하게도 도시의 거리에서 우연히 그와 마주쳤을 뿐이다. 그는 이들의 옷을 노략하여 친구 서른 명에게 가져다준다. 그들이 그의 아픈 곳을 파고들었듯이, 삼손도 낯선 사람 서른 명에게 똑같은 일을 한 것이다. 그는 그들을 죽이고, 그들의 '껍질을 벗겼다'. 대단히 야비한 행동이지만, 이것은 어떤 면에서는 삼손이 무시무시한 방식으로 외면과 핵심, 비밀과 낯선 것을 혼동하는 경향이 있음을 보여준다.

결혼이 깨지고 세상으로부터 충격을 받은 후 삼손은 아이처럼 어머니와 아버지의 집으로 돌아간다. 생각해보자. 그는 결혼을 해서 부모의 집을 떠났다. 그런데 마음의 상처를 치유하고 위로를 받으러 부모의 집으로 돌아가는 것이다. 그러나 오래지 않아 밀 추수를 할 때쯤 그는 다시 딤나로 돌아간다. 또다시 탯줄이 늘어난다. 삼손은 다시 부모로부터 떨어져 블레셋의 아내에게 돌아가려는 것이다.

  삼손은 화해의 선물로 새끼 염소 한 마리를 품에 안고 여자를 만나려 한다. 그러나 뜻대로 되지 않는다. 여자의 아버지가 이미 그 여자를 딴 남자에게 주어버린 것이다. 결혼 잔치의 '친구(mere'im)', 그러니까 그의 아내에게 비밀을 드러내도록 강요한 남자들 가운데 한 사람에게 준 것이다. 그녀의 아버지는 삼손에게 당시의 관습대로 여자의 여동생을 주겠다고 한다. 아버지의 말에 따르면 여동생은 '언니보다 더 예쁘다'. 그러나 삼손은 이미 분노로 속이 끓고 있다. "이번만은 내가 블레셋 사람들에게 어떤 손해를 끼친다 해도 나를 나무라지 못할 것이오." 삼손은 그렇게 말한 뒤 복수를 하러 나선다.

★ ★ ★

"삼손은 나가서 여우 삼백 마리를 잡아 꼬리에 꼬리를 서로 비끄러매고는, 그 두 꼬리 사이에 가지고 간 홰를 하나씩 매달았다. 그는 그 홰에 불을 붙여 블레셋 사람의 곡식 밭으로 여우를 내몰아서, 이미 베어 쌓아놓은 곡식

가리에 불을 놓았다. 불은 곡식가리뿐 아니라 아직 베지 않은 곡식과 포도원과 올리브 농원까지 다 태워버렸다."

삼손의 이 행동 역시 끔찍할 정도로 야만적이고 잔인하다. 그러나 얼마나 웅장하고 잘 짜인, 심지어 탐미적이기까지 한 복수인가!

여우 삼백 마리를 잡아 꼬리에 꼬리를 서로 비끄러매고는, 그 두 꼬리 사이에 가지고 간 홰를 하나씩 매달고, 그 홰에 불을 붙여 블레셋 사람의 곡식 밭으로 여우를 내몰려면 얼마나 많은 노력을 들여야 하는지 생각해보라.

그 계획, 구상, 기발함 역시 신체적인 수고만큼이나 놀랍다. 물론 성경에는 엄청나게 폭력적이고 야만적인 행동이 많이 나온다. (시체의 사지를 절단하고 소몰이 막대로 수백 명을 죽이는 것부터 포피包皮를 대량으로 거두어들이는 것에 이르기까지 당시 이스라엘과 그 적들 사이에 흔하게 벌어졌던 폭력과 복수의 유형에 대한 세밀한 분류 목록을 작성해보는 것도 재미있을 것이다.) 이런 것들과는 대조적으로 삼손의 복수는 매우 독창적이며, 여기에는 분명히 예술적인 면이 있다. (현대 예술 용어로 하자면 삼손이 여우들을 불에 태운 일은 **퍼포먼스**라고 말할 수도 있다.) 이것은 삼손의 신체적 힘만이 아니라 그의 스타일을 보여주는 행동이기도 하다. 이런 스타일은 크든 작든 그의 모든 행동에, 그의 모든 동작이나 세상과 만나는 일에 계속 낙인처럼 찍히게 될 것이다.

삼손에게 실제로 예술가적인 면이 있다면, 표현의 내용만이 아니라 형식도 의미를 갖는다. 사실 그런 퍼포먼스는 즉흥적인 생각에서 나온 것이 아니다. 이것은 정확한 의도를 가지고 많은 생각을 투자한 끝에 나온 것이다. 삼손이 여우 한 마리마다 꼬리에 홰를 달아 내보내 곡식 가리나 베지 않은 곡식에 불을 붙였다면 블레셋에 훨씬 더 큰 타격을 주었을 것이다! 그러나 이런 행동은 아마 그의 깊은 충동, 자신이 하는 모든 일에 독특한 자기만의 스타일을 새겨두고자 하는 '예술가적' 욕구를 충족시키지는 못했을 것이다.

그가 이 사건을 통해 우리에게 해주는 이야기, 여우와 불이라는 문자로 적힌 이야기를 다시 읽어보자. 삼손은 여우를 쌍쌍이 묶었다. 그는 그들 사이에 불이 붙은 홰를 고정시켰다. 우리는 이 순간 여우들에게 무슨 일이 벌어졌을지 느낄 수 있다. 그들은 다른 여우, 즉 자신의 짝으로부터 벗어나고자 미친 듯이 달렸을 것이다. 상대방에게 불이 붙었다고 생각하기 때문이다. 갑자기 모든 여우는 온몸에 불이 붙은 이중적 존재로, 자기 자신으로부터 구원을 받을 수 없는 존재로 바뀌어버린다. 모든 여우는 각기 다른 방향으로 탈출하려 하지만, 자신을 닮은 존재, 자신의 대립물, 자신의 원수를 함께 끌고 갈 수밖에 없다.

어쩌면 이것은 삼손의 영혼 깊은 곳에서 터져나온, 감추어진 '예술적 서명'인지도 모른다. 그는 온 힘으로 세상을 향해 이것을 던지고 있다. 그의 이중성, 그의 내부에서 이글이글 타오르는 불, 그를 산산조각낼 것 같은 강력한 충동, 그의 내부에서 늘 싸우고 대립하는 쌍쌍의 힘들. 금욕과 욕정. 강한 근육질의 몸과 예술가적 정신이 깃든 가슴. 뜨겁게 분출해나오는 살인적인 잔혹성 대 내부의 시인적 풍모. 자신이 '신의 섭리'의 도구로서 신이 적합하다고 생각하는 대로 활용될 것이라는 인식 대 강력하게 깜박거리는 자유의지의 강렬한 자기 표현의 충동. 그 위에 자신의 비밀을 혼자 간직하겠다는 결의 대 자신을 다른 가까운 영혼에게 드러내고 싶다는 뻔뻔스러우면서도 절실한 욕구.

이 모든 것을 표현하려면 역시 여우가 삼백 마리 정도는 필요하지 않을까?

여우, 곧 살아 움직이는 횃불들은 밭을 돌아다니며, 불의 참화라는 씨를 뿌리고, 거두어들인 모든 곡식을 파괴하고(지금은 '밀 추수 때'다), 그 과정에서 죽는다. 이 여우들은 삼손이 던진 일종의 예언 ― "블레셋 사람들과 함께 죽게 하여 주십시오!" ― 이지만, 아직은 그 스스로도 그것을 해석할 수 없다.

★ ★ ★

블레셋 사람들은 자신들에게 이런 재난을 초래했다고 믿는 사람, 즉 딤나의 여자에게 복수를 한다. 그들은 딤나로 올라가서, 여자와 그 아버지를 불에 태워 죽인다. 불에는 불이다. 삼손은 그들에게 다시 복수를 하러 가, "블레셋 사람들을 닥치는 대로 마구 무찔렀다." 이렇게 해서 한 사람이 한 나라 전체를 상대로 벌이는 이 이상한 전쟁은 점점 큰 문제가 되어간다. 이 남자는 모태로부터 '이스라엘을 구할' 운명을 타고난 사람이지만, 이 '구원'은 블레셋 사람들의 대량 학살을 통해서는 결코 얻을 수 없다는 것이 드러나기 때문이다.

이 시점에서 이야기의 열기 속에서 잊어버렸을지도 모르는 사실을 기억할 필요가 있다. 삼손은 사사다. 자신의 민족을 이십 년 동안 재판해온 민족의 지도자다. 물론 이상한 사사이기는 하다. 언제 그가 자신의 민족과 약간이라도 접촉을 했던가? 언제 그가 그들의 쟁점을 처리하고, 어느 쪽이 옳다고 판결을 했던가? 사실 이 이야기를 읽은 사람들은 누구나 삼손의 삶과 일이 늘 바깥을 향해 있다는 것, 블레셋을 향하고 있다는 것을 알고 있다. 삼손은 그들과 사랑에 빠지고 함께 잔치를 하며, 그들에게 복수를 하고 전쟁을 한다(그렇기 때문에 종종 독자에게는 삼손이 유대인보다는 '블레셋 사람'에 가까운 인물로 보이는 것이다).

그럼에도 그의 이야기는 성경에서 한 자리를 차지할 뿐 아니라, 길고 자세하게 실려 있다. 유대 전통에서는 그 호전성과 건달 같은 행동과 여자 꽁무니를 따라다니는 짓 때문에 삼손을 가끔 경멸적으로 바라보기도 하지만, 그럼에도 유대인의 의식 속에 삼손은 민족적 영웅이자 상징으로 각인되어 있다. 어쩌면 그 모든 것에도 불구하고 그의 인격의 구조 깊은 곳에서는 삼손이 진정 '유대적인' 특질을 표현하고 함축하고 있기 때문일 것이다. 외로움과 고립, 자신의 분리된 상태와 신비를 보존하고자 하는 강한 욕구, 동시에 이방인과 섞이고 동화되고자 하는 가없는 욕망이라는 면에서.

또 한 가지. 언제나 유대인은 삼손의 영웅담에 자부심을 느끼고, 그가 상징하는 신체적 힘, 용기, 남자다움을 갈망해왔다. 또한 유대인은 어떤 제약이나 도덕적 억제 없이 힘을 사용하는 그의 능력, 이스라엘 국가가 세워지기 전까지 수천 년 동안 역사가 짓밟힌 유대인에게 허락하지 않았던 그 능력 역시 존중했다.

유대인에게 삼손은 늘 '영웅 삼손'으로 일컬어지며, 1948년 독립전쟁에서 활동했던 '삼손의 여우들'부터 1980년대 말 팔레스타인의 첫 인티파다* 때 창설된 '삼손' 부대에 이르기까지 이스라엘군의 정예 전투부대들이 그의 이름을 땄다(1960년대에 울퉁불퉁한 근육을 자랑하는 라파엘 할페른이라는 랍비가 세운 보디빌딩 클럽 '삼손 협회'는 말할 것도 없고).

이스라엘의 주권에도 문제 삼을 만한 면이 있으며, 이 역시 삼손과 그의 힘의 관계에 표현되어 있다. 삼손의 경우와 마찬가지로 이스라엘의 상당한 군사력은 간혹 부담이 되는 자산처럼 보인다. 이스라엘이 직면한 위험들

---

* 이스라엘 점령 아래 있는 가자 등지에서 일어난 팔레스타인 사람들의 봉기.

을 경시하는 것은 아니지만, 여러 세대가 흘렀음에도 이스라엘이 엄청나게 강력하다는 현실이 이스라엘 사람들의 의식에 내재화된 것처럼 보이지 않기 때문이다. 그 힘이 자연스러운 방식으로 소화되지 않는다는 것이다. 어쩌면 그래서 이 힘―그 힘을 얻은 것이 종종 기적적인 일로 여겨졌음에도― 을 대하는 태도가 왜곡되는 경향이 있는 것인지도 모른다.

이러한 왜곡 때문에 자신이 얻은 힘에 과장된 가치를 부여하게 될 수도 있다. 힘 자체를 목적으로 여기게 될 수도 있고, 이 힘을 과도하게 사용할 수도 있다. 다른 수단을 고려하는 대신 자동적으로 힘을 사용하는 경향으로 나아갈 수도 있다. 이 모든 것이 결국은 '삼손적'인 행동 양식의 특징이다.

여기에, 잘 알려진 것이지만, 이스라엘 사람들은 어떤 위협이 닥치기만 하면 나라의 안보가 무너진다고 느낀다는 점도 보탤 수 있을 것이다. 삼손도 그런 느낌을 받았다. 그는 어떤 상황에서는 산산조각이 나는 것처럼 보인다. 힘이 순식간에 사라져버리는 것 같기도 하다. 그러나 이런 붕괴는 진짜 힘이 반영된 것이 아니다. 그래서 오히려 그 끝에 가면 지나친 힘의 과시가 수반되어 상황을 더욱 복잡하게 만들곤 한다. 이 모든 것이 자신이 얻은 힘의 소유권을 확신하지 못한다는 점, 나아가 깊은 실존적 불안이 잠재해 있다는 점을 보여주는 것 같다. 물론 이것은 이스라엘을 노리는 매우 현실적인 위험들과 관련이 있지만, 동시에 이 세상에서 이질적인 존재가 되었다는 발달기의 비극적인 경험과도 관련이 있다. '여느 민족과 같은' 민족이 아니라는 유대인의 느낌, 이스라엘 국가의 존재 자체가 조건부이며, 미래는 장담할 수 없고 늘 위험에 처해 있다는 유대인의 느낌과 관련이 있는 것이다. 이런 느낌은 이스라엘이 한때 '삼손의 선택'이라고 알려졌던 계획에 따라 개발한 그 모든 핵폭탄으로도 지워버릴 수가 없다.

★ ★ ★

삼손은 블레셋 사람들을 죽인 뒤 에담 바위 동굴에 거처를 마련한다. 이곳은 유다 지파의 영토에 있는 도시 에담 근처에 있었던 것으로 보인다.[22] 이곳에 그는 혼자 앉아 있다. 인간에게 실망한 뒤 사회로부터 물러나 앉아 있는 모습이 분명하다.

이제는 블레셋이 복수할 차례다. 그들은 유다로 진격하여 전투를 위해 진을 친다. 유다 사람들은 블레셋의 움직임에 놀라, 그들에게 도대체 왜 우리를 공격하느냐고 묻는다. 그러자 블레셋 사람들은 설명한다. "삼손을 잡으러 왔다. 삼손이 우리에게 한 대로, 우리도 그에게 갚아주겠다."

유다 사람 삼천 명이 바삐 에담 바위 동굴 삼손의 거처로 간다. 잊지 말자. 삼손은 유다 지파 사람이 아니다. 따라서 그는 유다 지파 사람들에게 '속하지' 않은 전쟁을 일으키려 하는 셈이다. 그들은 근심스러운 목소리로 말한다. "블레셋 사람들이 우리를 지배하고 있다는 것을 너는 잘 알지 않느냐? 그런데 어찌하여 우리에게 이런 일이 미치게 하였느냐?" 삼천 명이 공포에 사로잡힌 채 그를 둘러싸고 있다. 그러나 삼손은 단순한 논리로 고집스럽게 그들에게 대답한다. "그들이 나에게 한 대로 나도 그들에게 갚아주었을 뿐이오."

삼천 명은 서로 흘끔거린다. 그들이 불편하여 헛기침을 하는 소리가 들릴 듯하다. 마침내 그들은 용기를 내어 말한다. "우리는 너를 묶어 블레셋 사람들에게 넘겨주려고 왔다." 오랜 세월의 간극이 있음에도, 그들의 목소리에 애타는 호소가 섞여 있음을 느낄 수 있다. 우리를 더 힘들게 하지 말아주시오. 그냥 조용히 따라오시오. 우리도 이 지저분한 일을 꼴사납지 않게 끝내고 싶으니까……

이 에피소드는 삼손 이야기에서 그냥 지나치기 쉽다. 아주 대담한 색깔로 칠해진 다른 극적인 사건들 사이에서 눈에 잘 띄지 않기 때문이다. 그러나 삼손이 친구, 외국인, 적 사이에서 빈번하게 태도를 바꾸는 모습을 주의 깊게 살피며 그의 이야기를 읽어온 우리로서는, 삼손이 자신의 부모(나아가 자신의 민족, 또 실제로는 전 인류)를 상대할 때 느끼는 수수께끼 같은 이질감 때문에 계속 괴로워할 운명을 타고났다고 느끼는 우리로서는 이 짧은 구절을 그냥 지나칠 수가 없다.

삼천 명이 어리둥절한 표정으로 삼손 앞에 서 있다. 그들은 바위 속을 거처로 삼은 이 남자에게서 느껴지는 극심한 외로움에 놀란다. 그의 담대함이야 이미 이스라엘의 모든 지파들 사이에서 전설이 되었다. 그러나 그가 자꾸 사나운 블레셋을 자극하기 때문에 그들은 삼손에게 공포와 분노도 느끼고 있다. 사실 삼손이 이 사람들에게 불러일으키는 것은 공포와 분노만이 아니다. 다수인 그

사자의 꿀 119

들도 감히 하지 못하는 일을 할 용기가 오직 그에게만 있다. 어쩌면 그들의 마음 한구석, 블레셋의 정복이라는 무게에 눌려 노예가 되어버린 마음 가운데 아직도 자유로운 아주 작은 귀퉁이에서는 그들 민족의 역사에서 정복과 압제에 저항한 상징은 그들이 아니라 삼손이 될 것임을 짐작하고 있을지도 모른다.

그들은 중얼거린다. 우리는 너를 묶어 블레셋 사람들에게 넘겨주려고 왔다…… 이 순간 그들은 블레셋 사람들을 경멸하는 것만큼이나 삼손을 미워할 것이 틀림없다. 만일 그가 두렵지만 않다면, 틀림없이 그들 스스로 삼손을 제압하여 블레셋 사람들의 일을 대신할 것이다. 그러나 놀랍게도 삼손은 그들과 말다툼조차 하려고 하지 않는다. 그가 한 이야기는 이것뿐이다. "그렇다면 나를 죽이지 않겠다고 맹세하시오." 그들은 그를 해치지 않겠다고 약속한다. 그냥 묶어서 블레셋 사람들에게 넘기기만 하겠다는 것이다. "결코 우리가 너를 죽이지는 않겠다."

삼손과 유다 사람들의 대화는 아주 부드럽게, 심지어 동정적으로 묘사되고 있다. 이들의 대화 가운데 뭔가가 독자의 소매를 잡아끌어 지금 벌어지고 있는 일에 더 주의를 기울이라고 애원하는 느낌이다. 유다 사람들은 삼손을 해치지 않으려 조심하고 있다. 실제로 그들은 삼손에게 격분했음에도, 존경하는 마음으로, 심지어 숭배하는 마음으로 거리를 유지하려고 노력한다. 그러나 이미 삼손의 내면을 잠깐 엿본 독자는 삼손이 이런 거리를 존경의 표시만이 아니라 소외와 기피의 표현으로 받아들일 수도 있다는 것을 안다. 삼손은 자신을 향한 이런 태도, 언제나 그랬듯이 그를 다시 고독과 고립으로 밀어넣는 이런 존경심, 경외감을 잘 알고 있다.

삼손에게 이런 짓을 하는 사람들이 그 자신의 민족임을 기억하자. 이들은 그의 민족의 구성원들이고, 그는 그들의 사사, 그들의 지도자다. 그들은 시늉으로라도 블레셋 사람들의 요구에 저항하여 삼손을 위해 목숨을 건다는 생각은 하지도 못했다. 삼손이 그들의 땅에서 달아나도록 해주고, 다른 방법으로 블레셋 사람들을 달랠 방법을 찾으려 하지도 않았다. 그들은 삼손을 넘겨주고 싶어 한다. 삼손으로 인한 지속적인 위험 상태에서 벗어나고 싶은 마음이 간절하다는 사실을 감추지 않는다. 삼손은 물론 이것을 알고 있다. 그들의 동기와 열의를 알고 있다. 그러나 그들에게 불평하지 않는다. "그렇다면 나를 죽이지 않겠다고 맹세하시오." 이 위기의 순간에 삼손은 그들에게 그 이상을 요구하지 않는다. 삼손은 그들이 자신을 죽일 수 없다는 것, 그들을 다 합쳐도 자신을 당할 수 없다는 것을 알고 있다. 그러나 그는 그들에게서, 그들의 입으로 마음을 달래주는 약속, 그를 보호하겠다는 약속, "결코 우리가 너를 죽이지는 않겠다"는 약속을 듣고 싶은 욕구가 있는 듯하다. 가슴이 뭉클한, 심지어 애처롭게 느껴지기까지 하는 욕구다. 마치 그 말만 해주면, 이들이, 자신의 형제들이, 어머니가 자신이 태어나기도 전에 자신의 죽음을 이야기하면서 그에게 지운 영원한 부담을 덜어줄 수 있기라도 한 것처럼.

그들은 새 밧줄 두 개로 삼손을 묶는다. 삼손의 이야기를 전부 읽은 사람이라면 나중에 들릴라가 어떻게 하면 그를 묶어 꼼짝도 못하게 할 수 있느냐고 묻자 삼손이 그녀를 조롱하며 '새 밧줄'로 묶으면 된다고 대답한다는 것, 그러나 그녀가 그를 묶자 그것을 실오라기 끊듯이 끊어버린다는 것을 기억한다.

여기서 삼손은 유다 사람들이 새 밧줄로 그를 묶도록 허락한다. 삼손은 그들 한가운데 서 있다. 아마 삼손은 그들 누구보다 키가 컸을 것이다. 삼손은 사람들로 이루어진 그물이 자신을 둘러싸도록 허락한다. 배반의 끈들이 자신의 살을 옥죄어오는 느낌을 받는다. 삼손은 그들이 자신을 외국인들에게 넘기는 것을 허락한다.

이런 수동적 태도를 보면 삼손이 이 일을 거의 즐기고 있다는 인상을 받게 된다. 이 과정 전체에서 이상하고, 씁쓸하고, 비틀린 즐거움을 맛보고 있는 것 같다. 마치 순수하게 개인적인 의식에 참여하고 있는 것 같은 느낌이다. 이 의식에서 유다 사람들은 끈에 묶인 꼭두각시에 지나지 않는다. 이 끈을 조종하는 것은 삼손의 가장 깊고 근본적인 욕구, 자신에게 가까운 사람들에게 배신당하는 경험을 되풀이해 다시 겪고 싶은 욕구다. 낯선 사람들에게 넘겨지는, 혹은 내어주는 대상이 되는 원초적인 사건을 되풀이해 재연해보고 싶은 강박감이다.

삼손은 동포와 만나는 과정에서 그 불결한 넥타르*, 그의 영혼의 연료를 마지막 한 방울까지 다 마신 후, 다시 익숙한 힘과 폭력의 행동으로 돌아간다. 이 일은 유다 사람들이 그를 바위에서 끌어내 '레히'라는 곳에서 진을 치고 있는 블레셋 사람들에게 데려갔을 때 일어난다. 레

---

* 신들이 마시는 술.

히라는 말은 헤브라이어로 '뺨' 또는 '턱'이라는 뜻이다.

꼭 그 자리에 있지 않았다 해도, 소인국 사람들 같은 유다 사람들 삼천 명이 행렬을 이루어 밧줄로 묶은 삼손을 거대한 조각상처럼 끌고 가는 모습을 마음속에 그려 볼 수 있다. 블레셋 사람들은 삼손을 보고 의기양양하여 미친 듯이 환호한다. 그러나 그들이 그를 잡자 다시 삼손에게 주님의 영이 내린다. 그의 몸이 복수에 대한 열망으로 활활 타올라, 두 팔을 묶은 밧줄이 '불에 탄 삼오라기같이' 끊어진다. 삼손이 두 팔을 펼치자 공교롭게도 싱싱한 당나귀 턱뼈가 하나 손에 잡힌다. 삼손은 그것으로 블레셋 사람 천 명을 쳐죽인다.

일이 끝나자 이 장사에게서 갑자기 시인의 모습이 드러난다. 삼손은 소리친다. "나귀 턱뼈 하나로 주검을 무더기로 쌓았다! 나귀 턱뼈 하나로 천 명이나 쳐죽였다." 우리 역시 이 무시무시한 살육의 장면에서 시적 감흥을 느끼기 때문인지, 삼손의 '트레이드마크'가 된 표현 방식, 삼손의 창의성과 교묘함이 바로 그가 사용하는 무기에 있다는 점을 놓치지 않는다. 여우, 당나귀 턱뼈, 사자와 싸운 맨손. 모두 '유기적'인 재료, 자연적이고 독창적인 재료다.

삼손은 '이렇게 외치고 나서' 몹시 목어 말랐다(천 명을 쳐죽이느라 힘을 소비해서인지, 이 짧은 시를 지어서인지는 분명치 않다). 그는 하나님에게 소리친다. "주께서 친히 이 크나큰 승리를 주의 종의 손에 허락하셨습니다. 그런데 이제 제가 목이 타서 저 할례받지 못한 자들의 손에 붙잡혀 죽어야 하겠습니까?" 이 외침은 가슴을 꿰뚫는다. 이 대목에서 삼손이 여기서 너무 연약해 보이기 때문이다. 마치 아버지에게 울먹이는 아이 같다. 또 자신이 감히 온전하게 이해한다고 생각해본 적이 없던, 그저 자신이 그 그릇이나 도구로만 쓰일 뿐이라고 생각했던 '원대한 계획'의 실패 때문에 몹시 낙담한 것 같기도 하다.

그의 마지막 외침에 좀더 머물다 가도록 하자. 초영웅이자 대량 학살자에서 갑자기 아이 같은 존재로 바뀌어버린 과정을 좀더 생각해보자. 눈 깜짝할 사이에, 너무도 쉽게, 전사의 등뼈가 꺾여버린 것 같다. 삼손은 무너져내려, 자신을 돌봐주는 동정적인 부모의 포옹을 간절히 원하는 것 같다.

삼손의 외침은 또 한 가지 면에서 놀라운데, 순간적으로 장막이 열려, 삼손이 하나님에게 직접 말하는 모습이 드러났기 때문이다. 삼손의 이런 발언은 물론 삼손과 하나님 사이에 여러 가지 의미가 담긴 특별한 관계가 있음을 보여준다. 다만 성경의 서술자가 이제까지 그런 의미에 대하여 아무런 이야기도 해주지 않았을 뿐이다. 설령 이것이 삼손의 운명을 조금도 바꾸지 못한다 해도, 이런 관계가 드러나고 나니 약간은 위안이 된다. 삼손이 그의 형제들, 그의 친구들 사이에서 느끼던 고립감이 상황을 약간이나마 완화해주기 때문이다.

그러나 삼손의 호소에는 다른, 매우 인간적인 드라마가 감추어져 있을지도 모른다. 이것은 그와 하나님의 관계에서 나온 것이다. 어쩌면 삼손은 방금 승리의 연설에서 블레셋 사람들을 쳐죽인 것이 하나님의 도움 없이, 혼자서, 자신과 당나귀 턱뼈만의 힘으로 얻어낸 것이라고 오만하게 말했기 때문에 하나님이 벌로 심한 갈증을 일으켰다고 이해했을지도 모른다. 이제 삼손은 갈증으로 정신이 혼미한 가운데, 바위에 엎드려, 하나님에게 누가 이 승리를 가져다주었는지 잘 안다고 말한다. "주께서 친히 이 크나큰 승리를 주의 종의 손에 허락하셨습니다." 그는 헐떡이며 그렇게 말한다. 그러자 하나님은 후회와 사과가 포함된 삼손의 '감사'를 받아들여 '레히에 있는 한 우묵한 곳'을 터지게 했고, 그곳에서 물이 솟아 나왔다.

★ ★ ★

이 모든 일 뒤에 "삼손이 가사에 가서, 창녀를 하나 만나 그의 집으로 들어갔다."

다 알고 있듯이 남자가 매춘부에게 가는 데는 여러 가지 이유가 있다. 그러나 삼손의 동기를 추측하기 전에, 또 심지어 그가 나실 사람이라는 점을 강조하기 전에(삼손이 나실 사람임을 잊기 쉬운데, 그것은 그가 여자와 접촉하는 것이 금지되지 않은 나실 사람이기 때문이다), 애초에 왜 가사에 갔는지 물어야 할 것이다. 왜 하필이면 이 블레셋 도시에 갔을까? 그곳 주민들이 그를 죽이고 싶어할 것이 틀림없는데.

블레셋 사람들과 섞이고 싶어하는 삼손의 이 괴상한 강박감을 어떻게 이해해야 할까? 삼손은 그들과 살을 섞고 싶어하고, 그들을 주먹으로 으깨려 한다. 실제로 삼손과 블레셋 사람들의 접촉은 모두 몸과, 살이나 분비액과 얽혀 있다. 삼손은 그들과 씨름하고 몸부림치고, 찌르고 꿰뚫는다. 삼손이 여기서 자신도 의식하지 못하는 소망을 충족시키려 한다고, 즉 삼손이 다른 사람들, 특히 외국인들과 강렬하게 접촉하는 과정을 통해 자신의 존재의 뿌리에는 없는 어떤 것을 얻고자 한다고 추론해볼 수도 있다.

삼손의 우주 어디에도 그를 조금이라도 닮은 사람은 한 명도 없다. 이런 의미에서 삼손은 진공 속에서 살고 움직이는 것이나 마찬가지이다. 이런 공허 속에서 그의 정체성이 구현된다. 이 정체성은 잘 쥐어지지 않고, 분명하게 규정되지 않으며, 전설적이고 기적적인 모순들로 가득하다. 이런 영혼을 지배하는 혼란을 상상하는 일은 어렵지 않다. 이런 영혼은 자신의 한계를 규정하기 위해 바깥 세계나 다른 사람들로부터 늘 '신호'를 요구한다. 따라서 이런 사람이 완전히 이질적인 존재, 선명하게 규정된, 거의 일차원적이라고 할 수 있는 공간에 사는 것처럼 보이는 다른 존재와 부대끼는 일에 계속 끌리는 것도 그리 놀라운 일은 아니다. 이런 이질적인 존재와 접촉하면서 삼손은 하나님이 주신 사명을 이행한다는 만족감과는 별도로 그의 경계, 그와 자신을 가르는 담장을 느낄 수 있다. 따라서 자신의 한계, 심지어 자신에 대한 정의

(定義)까지 느낄 수 있을지도 모른다. 그래서 그는 가사로, 블레셋 도시로 가는 것이다. 외국인들, 다른 사람들, 자신과는 다른 존재들 사이에 있고 싶어서, 그들과 몸을 비비고 싶어서, 그들과 얽히고 몸부림치고 싶어서, 그들을 죽이고 사랑하고 또다시 죽이고 싶어서……

또 하나의 생각이 떠오른다. 삼손에게는 서로 매우 다르고 거리도 먼 여러 사람에게, 또 그런 여러 장소에 자신의 존재를 나누어놓고 싶다는 내적 욕구가 있을지도 모른다는 것이다. 즉 자기 자신을 구획하고, 가능한 한 넓게 펼쳐, 그의 삶의 핵심이자 초점인 비밀을 보호하겠다는 것이다. 삼손은 일종의 생존 본능 때문에 늘 움직여야 한다. 그는 소라, 에스다올, 딤나, 아스글론, 유다, 헤브론, 소렉 골짜기 등 어느 한 장소에 잠깐 머물며 자신을 약간만 드러내고는 많은 것을 감춘 채 갑자기 떠난다. 따라서 어느 곳에서나 사람들이 '삼손의 일부'만 알게 되는, 모자이크의 한 조각만 알게 되는 상황이 벌어진다. 어쩌면 이 때문에 사람들, 그를 잠깐밖에 볼 수 없는 낯선 사람들에게는 전체적인 그림을 이해하고 삼손의 수수께끼를 완전하게 푸는 것이 더 어려운지도 모르겠다.

(삼손의 움직임, 빠르고, 힘차고, 약간 미친 듯한 움직

임에 대한 묘사를 읽다 보면 문득 그의 어머니가 밭을 가로질러 힘차게 성큼성큼 걸어가던 모습, 천사와 만난 일을 마노아에게 이야기하러 가던 모습이 떠오른다. "그 여인은 급히 달려갔다." 텍스트에는 그렇게 나온다. 그 과정에서 그녀는 태아에게 그녀의 힘, 운동량, 빠른 달리기가 주는 그 순수한 기쁨을 각인시켜놓은 것 같다······)

  삼손의 가사 여행은 묘하게 보이지만, 매춘부를 찾아간 것은 그것보다 설명이 쉬울 것 같다. 삼손은 이 순간 혼자다. 아내가 없다. 그가 주의 영으로부터 힘을 얻자마자 사랑을 구하러 나섰던 일을 기억한다면, 그의 외로움과 고민의 깊이를 상상할 수 있을 것이다. 더군다나 지금은 한동안 에담의 바위 동굴에 머물다 나온 뒤다. 물론 삼손은 이전의 여자, 아내, 다른 사람에게 넘겨진 딤나의 여자를 만났던 경험, 그의 유일한 여자 경험에서 씁쓸한 실망감을 맛보았기 때문에 창녀에게 가는 것일 수도 있다. 삼손의 건강한 성적 충동 자체를 존중한다 해도, 그가 매춘부에게로 눈길을 돌린 것은 진정한 사랑을 발견할 희망, 자신의 비밀, 자신의 영혼의 열쇠를 믿을 만한 다른 사람에게 맡길 가능성에 대한 희망을 잃었다는 뜻으로 볼 수도 있다.

또 한 가지. 매춘부와 접촉하는 것은 완전히 낯선 사람에게, 성관계를 갖는 상대일 뿐 그 본질에는 진정한 관심이 없는 사람에게 매우 귀중하고 개인적인 것을 내준다는 뜻이다. 이것이 매춘의 불쾌한 요소이며 동시에 그 매력의 핵심이기도 하다. 즉 가장 친밀한 것과 가장 비개인적인 것, 가장 사적인 것과 완전히 공적인 것, 정액과 낯선 사람이 근본적으로 교차하는 것이다.

이렇게 본다면 왜 삼손이 그런 선택을 했는지 분명해진다. 그는 창녀와 잘 때 자신의 '신비'를 완전한 타인에게 다시 드러낸다. 그에게 다시 늘 그를 떠나지 않는 욕구, 자기 자신을 드러내지는 않고 내주고자 하는 욕구, 수수께끼를 제시하되 답은 감추고 싶은 욕구가 근질거린다. 창녀를 만났을 때 그는 다시 가장 내밀한 행위, 상대를 알아가는 행위의 한가운데 있으면서, 알려지지 않은, 판독되지 않은 상태로 남아 있을 수 있다.

이것이 삼손이 늘 갈구했던 것인지도 모른다. 모호하고 수상쩍은 접촉점. 결코 완전한 충족감, 또는 위로, 또는 진정한 가까움은 주지 않는 접촉점. 어쨌든 사랑은 주지 않는 접촉점. 그가 가장 원하는 것 ― 남에게 완전히 주어지는 것, 완전하게 자기를 드러내면서 남에게 받아들여지는 것, 그리하여 날 때부터 느껴온 거리감을 마침내 지우는 것—은 결코 제공하지 않는 접촉점.

왜 그는 이런 식으로 행동할까? 다른 '적합한' 영혼, 그의 깊은 욕구에 진정으로 반응할 수 있고, 낯섦이라는 그 무시무시하고 핵심적인 경험을 치유할 수 있는 영혼의 도움을 얻어 스스로를 구원하려 하지 않는 걸까?

우리는 이 질문을 확대하여, 왜 사람들이 가장 큰 구원이 필요한 바로 그 대목에서 스스로를 망치는 일이 그렇게 많은지 물어볼 수도 있다. 이것은 개인의 이야기지만, 사회나 국가도 마찬가지다. 사회나 국가도 그 역사에서 가장 비극적인 선택과 결정을 무슨 규칙이나 되는 것처럼 답답하게 되풀이하는 운명에 사로잡힌 듯 보일 때가 많기 때문이다. 삼손의 경우도 이런 파괴적인 힘이 분명히 작용하고 있다. 그래서 삼손은 평생에 걸쳐 다른 사람들이 자신에게 부과한 왜곡을 충실하게 따르고, 되풀이하여 자신의 핵심적이고 진정한 요구, 즉 진정한 사랑과 수용에 대한 요구, 정직과 신뢰의 관계에 대한 갈망으로부터 소외되는 것인지도 모른다.

이것이 삼손이 창녀에게, 그것도 하필이면 가사의 창녀에게 가는 이유이다. 말을 바꾸면, 이중으로 이질적인 장소로, 더욱이 자신을 그녀의 동포들에게 넘겨줄 것이 틀림없는 여자에게로 가는 것이다. 어쨌든 삼손은 그곳에 가면 틀림없이 블레셋 사람들의 손에 넘어갈 것이다. 블레셋 사람들은 얼마 전부터 그가 한 모든 일에 복수를 하려고 벼르고 있기 때문이다.

실제로 가사 사람들은 매춘부의 집에 삼손이 와 있다는 사실을 알게 되자 즉시 모여 성문에서 매복하고 그를 기다린다. 그가 가사를 떠나려면 그 길로 갈 수밖에 없기 때문이다. 그들은 밤새도록 숨죽이며 기다린다. 동이 트면 그를 잡아 죽일 생각이다. 그러나 삼손은 한밤중까지만 여자와 함께 있다가 일어나 성문으로 간다. 매복했던 사람들은 깜짝 놀란다. 삼손은 블레셋 사람들의 음모를 알고, 그들의 허를 찌르려고 예상보다 일찍 창녀를 떠난 것으로 보이기도 한다. 만일 그렇다면 삼손이 찾아간 것은 단지 창녀가 아니라, 그녀와 사랑을 나누는 행위 자체와 연결되어 있는 공포, 긴장, 수치의 경험(그리고 심지어 그것을 '즐기는 것')이라는 추측이 힘을 얻게 된다. 삼손이 그녀의 배신을 예상할 뿐 아니라, 어쩌면 더 중요한 것으로, 그들의 성적인 친밀감 한가운데 낯선 사람들도 함께 있다는 사실을 알고 있기 때문이다.

물론 이 순간, 낯선 사람들은 멀리 떨어져 있다. 그러나 그들의 의도나 둘이 사랑을 나누는 방 안으로 흘러드는 음모의 분위기로 볼 때, 그들은 그 방에 들어와 있는 것이나 마찬가지다. 이런 식으로 삼손은 늘 얻으려고 애쓰던 두 전극 같은 느낌을 손에 쥐게 된다. 강력한 친밀성 그리고 그와 여자를 둘러싼 비밀과 내밀의 경계가 모두에게 열려 있다는, 그들의 성적 결합은 처음부터 침해당하고 있었다는 예리한 인식이다. 이런 식으로 삼손은 그의 삶을 형성하고 그의 길을 규정해온, 또 마지막 날에 이르기까지 앞으로도 계속해서 그를 비참하게 만들 인식, 모든 내밀한 관계는 본디 오염되어 있는 것이라는 인식을 스스로 재확인한다.

"삼손은 밤늦도록 누워 있다가, 밤중에 일어나 성 문짝을 양쪽 기둥과 빗장째 뽑았다. 그는 그것을 어깨에 메고 헤브론 맞은편 산꼭대기에 올라가 거기에다 버렸다."

앞서 말했듯이 삼손이 거인이라는 말은 한 번도 나오지 않지만, 여기에서도 그는 엄청나게 큰 존재로 느껴진다. 귀스타브 도레가 그린 유명한 삽화 〈가사의 성문을 메고 가는 삼손〉에서도 마찬가지다. 이 삽화를 보면 삼손은 언덕을 올라가고 있다(아마 헤브론에 이르렀을 것이다. 가사 지역에는 그런 언덕이 없기 때문이다).[23] 머리 위의 하늘은 열려 있고, 그에게는 천상의 광채가 소나기처럼 쏟아진다. 그러나 삼손 자신은 이 빛을 보지 못한다. 그는 거대한 문의 무게에 눌려 거의 쓰러질 지경이다. 그 문이 빛을 차단하고 있다. 이것은 반은 신이고 반은 인간인 존재, 고통을 주면서 동시에 고통을 받는 존재의 모습이다.

여기에서 삼손이 벌이는 일 역시 성경의 다른 곳에서는 유례를 찾아볼 수 없는 것이다. 이것 역시 화려하고 의미심장한 일종의 퍼포먼스이다. 삼손은 외지인으로 도시에 들어왔다가, 떠날 때는 문, 내부와 외부를 나누는 바로 그 물건을 가져간다. 도시의 경계를 뚫고 들어가, 지역민과 외부인 또는 적을 구별하는 장벽을 제거하는 것이다. 여기에도 삼손의 내적인 담론에 전혀 이질적이지 않은 상징이 담겨 있다. 다만 새로운 각도에서 조명되고 있을 뿐이다. 물론 성문을 뽑아버리는 행위에서는 블레셋 사람들을 해치고 욕보이고자 하는 삼손의 낯익은, 심지어 반사적이라고도 할 수 있는 의도를 읽을 수 있다. 그러나 자신의 내밀함을 침해당한 것에 대한 삼손의 도전, 나아가 독특한 항의도 메아리치는 느낌이다.

설사 블레셋과 싸우는 삼손의 위대한 임무가 위에서부터 부과된 것이라 해도, 그의 인생 전체가 미리 결정된 것이라 해도, 독자는 성문을 뜯어 등에 메고 가는 장면에서 이 남자가 자유의지의 불꽃을 조금이나마 뿜어냈다고, 자신의 과제를 수행하는 독특한 자기표현 양식을 또다시 발견했다고 생각하면 조금이나마 위로를 얻을 수 있을 것이다.

★ ★ ★

성경의 소라가 있던 자리라고 여겨지는 둔덕 텔소라로 가는 길의 숲에서는 '삼손과 마노아의 무덤'을 가리키는 노란 표지판을 볼 수 있다. 강렬한 호기심이 발동하지 않을 수 없다. 잿빛을 띤 갈색의 렌지나 토양으로 이루어진 둔덕은 여러 가지 가시나무로 덮여 있고, 군데군데 노란 그루터기가 보인다. 콘크리트를 깔아놓은 꼭대기에는 무덤 두 개가 있다. 네모난 돌을 쌓아 작고 파란 돔을 한 쌍 만들어놓은 것으로, 꽤 수수해 보인다. 한 곳에는 이렇게 적혀 있다. "이스라엘의 의로운 사사, 고(故) 영웅 삼손, 그는 하늘에 계신 아버지처럼 이스라엘을 심판했다." 여기에는 삼손이 죽는 날짜도 탐무즈* 24일이라고 적혀 있다. 또 하나의 돔에는 토라 두루마리에 사용되는 서체로 "고 의로운 마노아, 그는 하나님의 천사와 대면했다"고 적혀 있다. 그러나 남편보다 천사를 더 가깝게 만났던 삼손의 어머니는 가족 묘지에 무덤도 없고 기념비도 없다.

물론 이것은 삼손이나 그의 아버지의 실제 무덤이 아니다. 여기에 누가 묻혀 있는지, 과연 누가 묻혀 있기는 한 것인지 아무도 모른다. 이 기념비는 1990년대 말에 갑자기 나타났다. 그 유래는 명확하지 않다. 그러나 신자들은 곧 이곳을 성역으로 삼았으며, 혼자 또는 여럿이 이곳을 찾아와 무덤 발치에 작은 등잔을 밝혀놓고 병을 낫게 해달라거나, 자식들의 혼사가 잘되게 해달라거나, 사업이 번창하게 해달라거나, 석녀인 딸이 아이를 낳게 해달라고 기도한다. 자정이면 하시디즘**에 속하는 브라츨라베르 종파의 유대인들이 솔로몬 성전의 파괴를 애달파하며 그 복원을 위해서 기도하는 모습을 보게 될지도 모

---

* 유대인 달력의 열번째 달.
** 18세기 폴란드에서 일어난 유대교의 한 종파로 신비적인 경향이 강하다.

른다.

근처에 커다란 동굴 입구가 보인다. 돌에는 움푹 파인 자국들이 보인다. 올리브에서 기름을 짜낼 때 용기 역할을 하던 것들이다. 한때 이곳에서는 당나귀가 끝도 없이 맴을 돌며 올리브유를 짜내는 둥근 맷돌을 돌렸다. 돌바닥에 크고 네모나게 파인 곳은 포도 압착에 사용되었다. 그 크기로 볼 때 이곳은 이 지역에서 포도를 압착하는 곳 가운데는 첫손에 꼽혔을 것이다. 포도는 딴 뒤에 가능한 한 빨리 압착기로 가져와야 했기 때문에, 텔소라의 기슭에 있는 계단형 밭들에는 한때 포도덩굴이 가득했을지도 모른다.

언덕 꼭대기에는 누군가 무덤들 옆에 성경과 기도서가 든 아주 작은 장을 갖다놓았다. 작은 성경 한 권에는 버스표로 책갈피를 해두었는데, 펼치면 손때가 묻고 구겨진 페이지가 나온다. 땀과 눈물 자국도 보인다.

"그 뒤에 삼손은 소렉 골짜기에 사는 어떤 여자를 사랑하게 되었는데, 그의 이름은 들릴라였다."

★ ★ ★

 들릴라는 누구인가? 성경은 아무런 답을 주지 않는다. 심지어 삼손의 다른 여자처럼 블레셋 사람이었는지 아닌지도 알려주지 않는다. 그러나 그녀는 이 이야기에서 이름이 밝혀진 첫번째 여자이기도 하며, 삼손이 분명하게 사랑한 유일한 여자이기도 하다. 삼손은 어디서 그녀를 만났을까? 삼손은 그녀에게서 무엇을 본 것일까? 알 도리가 없다. 그가 어떻게 구애를 했는지, 이번에는, 삼손이 실제로 사랑에 빠졌을 때는, 다른 여자들의 경우와 무엇이 달랐는지도 알 수가 없다. 무엇보다, 들릴라가 삼손에게 어떤 감정을 가졌는지 텍스트가 말해주지 않는 것은 무슨 의미일까?
 우리가 보았듯이 성경의 서술자는 이런 정보에 인색하다. 그는 행동에 더 관심이 있다. 앞에서도 "그 여인이 아들을 낳고서, 이름을 삼손이라고 하였다. 그 아이는 주님께서 내리시는 복을 받으면서 잘 자랐다"에서 바로 "그가 소라와 에스다올 사이에 있는 마하네단에 있을 때에 주님의 영이 처음으로 그에게 내렸다"로 가버린다. 삼손의 유년을 건너뛰는 바람에, 이 특별한 아이의 교육이나 어린 시절의 놀이(헤라클레스처럼 뱀의 목을 졸랐을까? 아니면 오디세우스처럼 멧돼지와 씨름을 했을까?)와 친구들, 또는 충분히 예상할 수 있는 일이지만, 철저한 외로움과 관련된 흥미진진한 세부사항들이 다 사라져버렸다. 이런 것들은 전혀 알 수 없다. 또 삼손의 동생들, 특별한 임무 없이 태어난 아이들, 신비의 짐으로부터 자유로운 아이들, 평범한 부모의 평범한 아이들에 관해서도 아무것도 알 수 없다.

들릴라 이야기에서도 마찬가지다. 서술자는 이 새로운 연인의 이름을 제시하고 계속 플롯을 밀고 나갈 뿐, 중간에 잠시 쉬며 그녀의 전기적인 사실을 귀띔해줄 생각조차 하지 않는다. "블레셋 사람의 통치자들이 그 여자를 찾아와서 말하였다. '너는 그를 꾀어 그의 엄청난 힘이 어디에서 나오는지, 그리고 우리가 어떻게 하면 그를 잡아 묶어서 꼼짝 못하게 할 수 있는지 알아내어라. 그러면 우리가 각각 너에게 은 천백 세겔씩 주겠다.'"

문학, 회화, 음악, 영화 등의 분야에서 삼손의 이야기를 다룬 많은 작품들[24]이 들릴라를 비극적 인물로 표현하려고 노력했다. 삼손을 해칠 의사는 없었고, 실제로 그를 넘긴 뒤에도 그에게 일어난 일 때문에 번민에 사로잡했다는 식이다. 반 다이크의 그림 〈삼손의 체포〉가 그런 해석의 한 예라고 할 수 있다. 이 그림에서 삼손은 블레셋 사람들이 방으로 쳐들어와 그를 들릴라에게서 떼어내자 처량하기 짝이 없는 표정으로 들릴라를 본다. 그를 바라보는 들릴라의 얼굴에는 자신의 승리에 대한 만족감과 더불어 고통과 애절함이 묘하게 섞여 있다. 그녀는 삼손의 얼굴을 향해 손을 뻗고 있는데, 이것은 작별과 포기의 손짓인 동시에 동정, 마지막으로 그를 안고자 하는 갈망, 고난의 길을 떠나는 사람을 향한 애틋함이 뒤섞인 몸짓이기도 하다.

그러나 텍스트 자체만 보면 들릴라의 행동이나 성격을 그렇게 너그럽게 읽기 어렵다. 오히려 그런 독법을 철저하게 거부한다. 들릴라의 행동 전체에서 사랑이라고는 찾아볼 수도 없다. 그럼에도 삼손은 이 잔인하고 믿을 수 없는 여자를 사랑한다. 우리가 앞서 보았듯이, 어쩌면 삼손이 사랑한 것은 이런 배신의 조짐이었는지도 모른다.[25] 따라서 독자는 사랑의 정의 자체를 확대하거나 느슨하게 조정할 수밖에 없다. 어쩌면 들릴라의 잔인성, 그를 해치고자 하는 거의 투명한 열정 ─ 다른 여자들에게서는 한 번도 본 적이 없는 수준의 열정 ─ 때문에 삼손은 비비 꼬인 끈으로 그녀에게 묶인 것인지도 모른다. 이 끈은 그 전의 어떤 끈보다도 강하며, 처음으로 삼손에게서 사랑의 감정을 불러일으킨다.

그러나 배신을 바라는 강박적인 욕구 때문이라고만 설명해버리면 너무 우울하고, 답답하고, 기계적이란 느낌이 든다. 삼손의 자유의지마저 부정하게 된다. 따라서 우리는 이 설명과 더불어 다른 설명을 찾아보게 된다. 또는 잠시 기다리면서, 이야기 자체가 다른 설명으로 우리를 이끌어주기를 바라게 된다.

들릴라는 큰돈을 주겠다는 블레셋 사람들의 이야기를 듣자, 삼손을 묶고 양면적인 의미가 담겼다고 볼 수 있는 전희(前戲)로 그를 희롱한다. 표면적으로는 그의 힘의 비밀과 그를 꼼짝 못하게 묶는 방법을 찾아내려 한다. 삼손도 순순히 응한다. "마르지 않은 푸른 칡 일곱 매끼로 나를 묶으면 내가 힘이 빠져서 여느 사람처럼 되지." 삼손은 대답을 하면서 침상에 몸을 쭉 뻗고 드러눕는다. 어쩌면 자신의 길게 땋은 머리—모두 일곱 가닥이다—를 천천히 쓰다듬으며 웃음을 삼키고 있을지도 모른다.

어디서 에로틱한 즐거움을 찾느냐 하는 것은 취향의 문제다. 삼손은 말리지 않은 싱싱한 칡으로 묶이는 것을 즐겼는지도 모른다. 들릴라는 삼손의 취향에 관한 정보를 즉시 블레셋 관리들에게 전한다. 그들은 요청한 소도구를 방으로 들여보내고, 들릴라는 축축한 끈으로 삼손의 몸을 묶는다. 잊지 마라. 그녀는 그러면서 "미리 옆방에 사람들을 숨겨놓고 있었다." 늘 삼손을 따라다니는 혼란과 경계 침해—내밀한 것과 공적인 것, 사랑과 배신이 무차별적으로 뒤섞인 결과다—의 매우 노골적인 예인 셈이다.

들릴라는 끈으로 삼손의 몸을 묶고, 꽉 묶었다고 판단하자 삼손에게 말한다(갑작스럽게 소리쳤을까? 아니면 귀에 대고 비밀을 토로하듯 소곤거렸을까?) "삼손, 블레셋 사람들이 당신에게 들이닥쳤어요!" 그러자 삼손은 바로 그 끈들을 끊어버린다. 끈들은 '불에 탄 삼오라기'처럼 끊어져버린다.

당신은 나를 놀렸어요. 거짓말까지 했어요. 들릴라는 그렇게 말한다. 깜짝 놀랄 만한 냉정함이다. 그녀는 스스로 기만의 그물을 짜면서도 삼손이 거짓말을 했다고 비난하는 것이다. 그녀의 눈은 '숨겨놓은 자들'을 향해 번뜩이다가, 이윽고 다시 삼손에게 고정된다. "무엇으로 당신을 묶어야 꼼짝 못하는지 말해주세요."

삼손은—벌렁 드러누워 있었을까? 만족스럽게 몸을 쭉 뻗고 있었을까?—새로운 방법을 제시한다. "한 번도 쓰지 않은 새 밧줄로 나를 꽁꽁 묶으면, 내가 힘이 빠져서 여느 사람처럼 되지."

삼손은 여기서 힘이 빠진다고 할 때 haliti라는 말을 쓰고 있다. 문자 그대로 하자면 '내가 아플 것이다' 정도의 뜻이 된다. 중세의 주석가 라닥은 이것을 약간 온건하게 '내가 약해질 것이다'로 읽고 있다.

들릴라는 시간을 낭비하지 않는다. 그녀는 굵고 거친 새 밧줄을 구해 삼손을 묶고 다시 말한다. "삼손, 블레셋 사람들이 당신에게 들이닥쳤어요!" 그러나 블레셋 사람들이 공격을 하려는 찰나, 삼손은 이 밧줄 역시 실오라기처럼 끊어버린다.

당신은 여전히 나를 놀리고 있어요. 여태까지 당신은 나에게 거짓말만 했어요! 들릴라는 다시 말한다. 무엇으로 당신을 묶어야 꼼짝 못하는지 말해주세요. 삼손은 들릴라가 전에 했던 이야기를 그대로 고집스럽게 반복하고 있다는 사실을 분명히 깨달았을 것이다. 그것을 그녀가 절대 포기하지 않겠다는 표시로 받아들였을 것이다. 삼손은 말한다. "당신이 내 머리칼 일곱 가닥을 베틀 날실에 섞어서 짜면 내가 틀림없이 약해지지." 그의 눈이 어떻게 빛났을지, 그의 목소리가 어떤 음조를 띠었을지 짐작만 할 수 있다. 그러나 그가 하는 말에서 새로운 면이 드러난다. 지금까지는 다른 방식으로 말했었다. "나를 묶으면." 삼손은 두 번이나 그렇게 일반적인 표현으로, 누가 묶는 일을 할지, 누가 자신을 해칠지 구체적으로 밝히지 않았다. 그러나 이번에는 그녀를 바로 지목하여 상황을 분명하게 파악하고 있음을 보여준다. "당신이 짜면." 삼손은 그녀에게 그렇게 말한다. 만일 **당신**, 들릴라가 내 머리칼 일곱 가닥을 베틀 날실에 섞어서 짜면……

(이 게임 아닌 게임의 와중에, 곧 일어날 끔찍한 일에서 잠시 숨이라도 돌릴 겸 한 가지 작다면 작은 사실을 생각해보자. 독자는 이제야, 이야기가 끝날 때가 다가와서야, 삼손의 머리카락이 일곱 가닥임을 알게 된다. 이 새로운 사실로부터 삼손이 자신의 머리카락을 사랑하고, 잘 돌보았다는 것, 치렁치렁한 머리를 꼼꼼하게 갈라서 꼬았다는 것을 짐작할 수 있다…… 그리고 또 한 가지. 머리를 길게 길러본 사람이라면 그것을 혼자 관리하는 것이 얼마나 어려운지 안다. 따라서 이제 이 멋진 머리카락을 한 여자가 잘라버리기 직전에 우리는 다른 여자, 삼손

사자의 꿀 145

의 어머니를 생각하게 된다. 그녀는 아들이 어렸을 때나 청년이 되었을 때나, 그가 머리를 땋고, 빗고, 꼬고, 감는 것을 도왔을 것이다. 어쩌면 삼손이 다 커서 다른 여자들을 만나는 사이사이에도 그렇게 도와주지 않았을까?)

삼손은 잠이 든다. 어쩌면 사랑을 나누느라 지쳤는지도 모른다. 어쩌면 자포자기 상태에 빠지기 시작한 것인지도 모른다. 들릴라는 바쁘다. 그녀는 삼손의 머리카락을 날실로 베틀에 묶고, 단단히 고정하기 위해 말뚝까지 동원한다. 그리고 세번째로 삼손에게 말한다. "삼손, 블레셋 사람들이 당신에게 들이닥쳤어요!" 삼손은 잠을 깨더니 한 동작으로 말뚝과 묶은 머리카락을 뽑아올린다.

이렇게 해서 처음에는 사랑의 놀이처럼 보였던 것이 점차 씁쓸한 분위기를 띠기 시작한다. 삼손은 들릴라에게, 그녀의 끈과 밧줄과 칡에 굴복한다. 여기서 삼손의 인생 이야기 전체가 매듭과 밧줄을 끝도 없이 묶어나간 과정이라는 점을 눈여겨볼 수도 있다. 삼손은 여우들을 한데 묶고, 유다 사람들에게 새 밧줄로 묶이고, 젖은 칡에 묶이고, 심지어 머리카락이 베틀에 짜이기도 했다. 우리는 되풀이하여 삼손이 묶고 묶이는 데, 또 올가미에 걸리는 데 몰두하는 모습을 보게 된다. 우리는 이 뒤죽박죽이 된 뱀 같은 밧줄들, 이 얽힌 그물을 보며 놀란다. 제대로 처리하지 못한 탯줄 하나를 대체하는 데 도대체 얼마나 많은 밧줄이 필요한 것인가?

들릴라는 세 번이나 외친다. "삼손, 블레셋 사람들이 당신에게 들이닥쳤어요!" 그때마다 삼손은 그녀의 음모에 대한 의심을 뒤로 밀치고, 그 빤히 보이는 음모에 협력한다. 물론 그는 그녀가 자신을 해치려고 자신의 대답을 이용한다는 사실을 인식하고 있다. 그러나 항의를 하지도, 그녀를 비난하지도 않는다.[26]

삼손은 불충한 들릴라만이 아니라, 그들과 내내 함께 있는 '숨겨놓은 자들', 계속 배경에 감춰져 있는 낯선 자들에게도 끌린다. 어떤 의미에서는 삼손의 영혼 깊은 곳에서 그의 삶의 원초적 장면, 자궁에서 정신적 외상을 입었던 순간 ― 어머니, 자식, 타인의 삼각관계 ― 을 완성하기 위해서는 그런 낯선 자가 그곳에 있어야만 한다.

들릴라가 계속 괴롭히고 졸라대자 "삼손은 마음이 괴로워서 죽을 지경이 되었다(va-tiktzar nafsho la-mut)."

성경의 어느 곳에서도 이 구절은 다시 찾아볼 수 없다. 고대의 랍비들은 삼손의 번민을 이런 식으로 독창적으로 설명했다. 들릴라는 삼손이 "절정에 이르는 순간 그

사자의 꿀 147

의 밑에서 몸을 뺐다."[27] 그런 끔찍한 거부를 당하면 남자는 삶에 대한 욕망을 잃을지도 모른다. 그러나 성경의 독특한 표현을 보면 다른 설명도 가능하다. 삼손이 들릴라에게 그렇게 행동한 다른 동기도 찾을 수 있다는 것이다.

이런 식으로 한번 보자. 들릴라는 계속 삼손의 문을 거칠게 두드려댄다. 무자비하게 심문해댄다. "당신의 그 엄청난 힘은 어디서 나오지요? 어떻게 하면 당신을 묶어 꼼짝 못하게 할 수 있는지 말해주세요." 말을 바꾸면, 당신의 비밀은 뭐냐, 당신은 진짜로 누구냐, 그런 신비 안에 있는 당신은 도대체 어떤 사람이냐, 그것이 없으면 당신은 어떻게 되는 것이냐, 하고 물은 것이다. 이 모든 것이 삼손에게서 다른 여자는 일으킬 수 없는 감정을 불러일으켰을 것이다. 삼손이 그 동기를 의심하기는 했겠지만, 들릴라는 그의 삶의 가장 큰, 핵심적인 문제를 거론한 유일한 여자였다. 정확한 질문을 알고 있던 유일한 사람이었으며, 따라서 결과적으로 그의 비밀의 열쇠를 넘겨달라고 요청한 유일한 사람이었다. 다른 여자들은 이 비밀에 관심이 없거나 그것을 두려워했다. 따라서 그녀의 행동이 그에게 불러일으킨 혼란스럽고 서로 모순되는 감정들의 태풍 속에서 한 가지 작은 희망 역시 피어올

랐다고 생각해볼 수 있다. 들릴라가 그로부터 어떤 '답', 그의 속 깊은 곳에 묻혀 있던, 심지어 그 자신도 제대로 이해하지 못했던 수수께끼의 해답을 끄집어내는 데 성공할 수 있을지도 모른다는 희망이다.

어쩌면 그의 영혼 깊은 곳 어딘가에서, 산 같은 근육 더미 밑에서, 들릴라의 집요함이 이제까지 다른 어떤 식으로도 구원을 얻지 못했던 그의 묻혀 있던 자아를 구하는 데 성공할 수 있을 것이라는 목소리가 들려왔을지도 모른다. 이 자아는 드러나기를, 자신을 방출하기를, 자신을 나머지 세계와 차단하고 나누는 모든 것을 제거하기를 간절히 원한다. 신비와 수수께끼와 저주받은 소외의 짐을 벗어버리기를 간절히 원한다. 마침내 '여느 사람과 같아지기를' 간절히 원한다. 만일 그렇게 되면 삼손도 자기 자신을 이해하게 되지 않을까?

우리는 이미 불편한 느낌이 늘 삼손 주위를 감돈다는 것을 인식하고 있다. 그의 복받은 거룩한 임무와 그의 지상의, 물질적인, 육체적인(또 종종 아이 같은) 성격 또는 인격 사이의 모순과 불일치라는 수수께끼 때문이다. 때때로 독자의 눈에는 삼손이 자신을 전혀 모른다는 사실, 자신의 삶의 이야기에서 자신이 이행하고 있는 역할을 이해하지 못한다는 사실이 분명하게 보인다. 그러나 사실 이것이야말로 진정으로 곤혹스러운 점인데, 하나님은 애초에 삼손의 자기 의식—즉 임무라는 망토 밑에 있는 나는 진정으로 어떤 사람인지, 이 이야기에서 나는 어떤 역할을 하는 것인지, 자신이 하나님의 손에서 어떤 도구로 쓰이는 것인지—에는 전혀 관심이 없었을 가능성도 있다(그렇게 생각하니 갑자기 하나님이 그를 쓰는 '용도'—헤브라이어로는 shimush이다—가 삼손의 이름, 즉 Shimshon의 감추어진 의미인 것처럼 보인다).

이럴 경우 삼손은 여기에서 그 비참한 모습이 완전히 드러난다. 이스라엘의 구원이라는 벅찬 임무, 그의 약한 인격이나 성격으로는 버거운 과제를 위해 그를 선택한 하나님의 노예가 되어 늘 고통받는 외로운 남자. 되풀이하여 이스라엘의 적들과 개인적인 분쟁에 말려들고, 그래서 자신의 민족만이 아니라 그를 보낸 하나님의 기대를 어기고 실망을 안겨주는 남자.

이렇게 보면 삼손의 신체의 핵심이라고 할 수 있는 엄청난 근육들이 커다란 철문으로 변해버린 것 같다. 약하고, 다치기 쉬운 내부의 인간적 핵심을 보호하기 위해 마련된 '성문'에 불과한 것으로 여겨지는 것이다. 아니, 이 핵심, 자신을 드러내고 구원받는 것이 절실하게 필요한 이 핵심이 열려 마침내 '여느 사람처럼' 되는 것을 막기 위해 마련된 '성문' 같다는 것이다.

인간은 어떻게 구원을 받을 수 있을까? 인간이 자신을 가두고 있는 억압적인 문을 약간이라도 여는 자연스러운, 가장 바람직한 방법은 무엇일까? 그래서 그 연약한 핵심이 자신을 드러내는, 또 자신을 내주고 남에게 받아들여질 수 있는 방법은 무엇일까?

"삼손은 어떤 여자를 사랑하게 되었다."

아마 이 말 속에는 하나님이 자신을 잔인하게 이용하는 것에 대한 삼손의 작고, 대담하고, 인간적이고, 헛된 반항이 압축되어 있을 것이다. 삼손이 블레셋을 공격하는 임무를 수행할 때, 하나님의 입장에서는 삼손이 실제로 블레셋 여자를 사랑하는 것은 필요 없는 일일 것이다. 그가 일을 하는 데 필요한 것은 매춘부뿐이다. 또는 '마음에 쏙 드는' 여자뿐이다.

그러나 들릴라와 유대를 맺으면서 삼손 내부에서 뭔가 완전히 새로운 것이 생겨난 것일 수도 있다. 단지 배신당하고자 하는, 자신의 목적만 생각하는 타인들이 자신의 친밀함을 침해하는 상황을 경험하고자 하는 강박적인 요구를 만족시키는 것과는 다른 어떤 것이 생겨난 것일 수도 있다. 그렇다면 여기에서 삼손은 평생 처음으로 하나님의 손에 쥐어진 도구가 아니라, 한 인간으로서 자신이 이용할 수 있는 최고의 자유, 즉 감정적 자유, 사랑할 자유를 행사함으로써 자신의 독립적인 의지를 보여주고 있는 셈이다.

만일 삼손에게 이것이 진정한 사랑이었다면, 삼손은 들릴라가 자신을 되풀이해 속이도록 허락하는 것이라고 추측할 수도 있다(어쩌면 희망 섞인 추측인지도 모르지만). 그는 자신이 틀렸을지도 모른다는 요행을 바라고 있는 것이다. 다음에 눈을 뜰 때는 숨어 있는 자들—굳이 눈으로 보지 않아도 삼손은 늘 그들의 존재를 느끼고 있다—은 사라지고 방에 사랑하는 사람과 단둘이 있게 되기를 바라는 것이다.

그러나 들릴라가 세번째로 "삼손, 블레셋 사람들이 당신에게 들이닥쳤어요!" 하고 말하자, 그는 의심 없이, 일말의 자기기만도 없이, 여기에 사랑은 없다는 사실을 받아들인다. 자신이 사랑하는 여자, 자신이 사랑했던 유일한 여자는 자신이 무엇보다 원하는 것을 주지 않을 것이다. 태내에서부터 그에게 부여된 운명은 영원히 그를 따라다니며, 가장 내밀한 곳까지도 따라들어올 것이다. 최악은 이 운명에 저항할 길이 없다는 것이다. 따라서 앞으로 살면서 다른 사랑을 얻게 될 것 같지도 않다.

아마 다른 어떤 이유보다도 바로 이런 이유 때문에, '삼손은 마음이 괴로워서 죽을 지경이 되었을' 것이다.

그는 단순한 말로, 평생 자신의 입으로 하게 되기를 기다려온 말로, 자신의 비밀을 들릴라에게 드러낸다. 자신의 비밀만이 아니라, '속마음(kol libo)'까지, 모든 것을 털어놓는다. 이 말은 두 절에서 세 번이나 나온다. kol libo는 무엇인가? "나의 머리는 면도칼을 대어본 적이 없는데, 이것은 내가 모태에서부터 하나님께 바쳐진 나실 사람이기 때문이오. 내 머리털을 깎으면, 나는 힘을 잃고 약해져서, 여느 사람처럼 될 것이오." 자, 그는 그녀에게 모든 것을 이야기했다.

삼손의 입으로 이 비밀을 들으면서, 이 비밀이 kol libo, 즉 그의 마음 중의 마음임을 알게 되면서, 어쩌면 삼손에게 중요했던 것은 단지 비밀의 내용이 아니라, 그에게 비밀이 있다는 사실 자체였을지도 모른다는 생각이 떠오른다. 이 비밀은 그에게 단지 '군사 기밀'로서만 중요했던 것이 아니라, 그만의 것이었기 때문에, 그 누구도(그의 어머니를 제외하면) 몰랐기 때문에 중요했던 것이다. 이것은 그의 가장 사적인 소유물로, 이제껏 타인들도 또 그의 삶의 과도한 '공개'도 이것을 더럽힌 적은 없었다.

들릴라는 이번에는 삼손이 자기를 속이는 것이 아님을 직감한다. 뭔가 진실한 울림이 있는 것이다. 그녀는 블레셋 지도자들을 불러 자신이 비밀의 밑바닥에 이르렀음을 알린다. 그들 역시 그녀의 목소리를 듣고 이번은 진짜라고 느낀다. 그들은 다시 그녀의 방으로 들이닥친다. 이번에는 그녀에게 약속했던 현금 뭉치도 가져온다.

물론 이것은 들릴라에게도 시련의 순간이다. 블레셋 지도자들이 그녀에게, "너는 그를 꾀어 그의 엄청난 힘이 어디에서 나오는지 알아내어라" 하고 말했을 때, 그녀는 틀림없이 그것이 자신의 여성적 매력에 대한 도전이라고 느꼈을 것이다(결과적으로 "당신이 얼마나 강한지 보자"는 뜻이었다). 그러나 삼손이 그녀의 매력에 저항을 했기 때문에 그녀는 자신의 유혹하는 기술에 의심을 품게 되었다. 어쩌면 생전 처음으로, 여성으로서 자신의 가치에 의심을 품게 되었을 수도 있다. 블레셋 통치자들은 그 동안 일이 자꾸 지체되는 것에 틀림없이 의아해

했을 것이다. 어쩌면 옆방에 숨겨두었던 자, 그 동안 들릴라의 실망을 연거푸 목격했던 자도 초조한 마음을 눈짓에 실어보냈을 것이다. 따라서 삼손과 들릴라 사이의 에로틱한 게임이 진행되면서 그녀도 점점 더 긴장했을 것임을 상상하기 어렵지 않다. 실패가 거듭되면서 그녀는 개인적으로 이 게임을 점점 더 심각하게 받아들이게 되었을 것이다.

따라서 처음 두 번의 시도에서 들릴라가 거짓말을 하는 삼손에게 믿을 수 없을 정도로 억제된 태도로 말을 했다면, 이번에는 성이 나서 단단하게 마음을 먹고 이를 악물다시피 했을 것이다. "당신은 여전히 나를 놀리고 있어요. 여태까지 당신은 나에게 거짓말만 했어요!" 마침내 세번째도 실패하자 그녀는 드디어 폭발하여 여자 특유의 낮은 목소리로 으르렁거린다. "당신은 마음을 내게 털어놓지도 않으면서, 어떻게 나를 사랑한다고 말할 수가 있어요?" 들릴라는 그의 얼굴을 향해 자신이 느끼는 분노와 모욕감을 내뿜는다. 그녀는 몰랐겠지만, 그녀가 던지는 말은 삼손이 느끼는 소외의 핵심을 포착하고 있다. 비단 그녀로부터 느끼는 소외감만이 아니다. "당신은 마음을 내게 털어놓지도 않는다"는 말은 헤브라이어로 Ve-libcha ein iti라고 하는데, 이를 말 그대로 하자면 "당신의 마음은 나와 함께하지 않는다"는 뜻이다.

그녀는 이 말을 삼손에게 되풀이하여, 그의 근원적인 상처, 낯섦이라는 상처를 계속 쪼아댔을 것이다. 그 말은 그의 마음과 그가 사랑했던 사람들 사이에 입을 벌리고 있는 공허 속에서 울려 퍼졌다. 어쩌면 이런 '괴롭힘' 때문에 삼손은 '마음이 괴로워서 죽을 지경이 되었는지'도 모른다.

그래, 어쩌면 그렇게 되었던 일인지도 모른다. 그랬기 때문에, 바로 그런 이유 때문에, 삼손은 kol libo를 털어놓았다. 그녀로부터 소외와 기만에 사로잡혀 있다고 비난당한 마음 전체를 털어놓은 것이다. 오랜 세월 동안 감추고 억누르고 쌓아두었던 모든 것을 털어놓은 것이다. 그는 아차 하는 한순간, 그것을 모두 그녀에게 내주었다. 가끔 가장 고집 센 구두쇠마저 놓여나기 힘든, 광기와 같은 숨 돌릴 틈도 없는 낭비의 욕망에 사로잡힌 것처럼. 다른 사람에게 모든 것을 털어놓으면, 단번에, 순간적으로 주입을 하듯이 털어놓으면, 마침내 진정한 친밀감을 느낄 수 있을 것이라고 믿는 사람처럼 어리석은 순진함을 드러내며.

★ ★ ★

블레셋 통치자들이 도착했을 때 삼손은 자고 있다. "들릴라는 삼손을 자기 무릎에서 잠들게 했다." 성경은 그렇게 말한다. 들릴라가 머리카락을 자르기 직전에 삼손이 아이처럼 변했다는 점은 이미 말했다. 삼손은 마치 자신의 기원으로 돌아가고 있는 것 같다. 태아처럼 '어머니의' 무릎에 웅크리고 있다.

삼손의 눈은 감겨 있다. 아마 눈까풀 밑으로 많은 기억과 영상들이 지나가고 있을 것이다. 길고, 소란스럽고, 힘든 여행이다. 삼손은 어머니, 아이, 배신 등 이 모든 것이 시작된 곳으로, 모든 것이 함께 뒤얽혀 꼬이게 된 곳으로 한 걸음 한 걸음씩 행진해 갔을 것이다.

어쩌면 여기에서 우리가 앞서 제기한 문제에 대한 답을 찾을 수 있을지도 모른다. 왜 삼손은 자신이 경험한 감정 가운데 가장 해로운 감정, 처음부터 그의 삶에 독이 되었던 감정을 자꾸 재현하고 싶어하는가? 다시 말하면, 왜 인간들은 강박감에 사로잡힌 듯 파괴적인 경험을 되풀이하는가? 최악의 감정, 가장 유독(有毒)한 감정을 일으켰던 역기능적 관계나 자멸적인 상황을 다시 만들어내는가?

무엇보다도 바로 그곳에서, 수모와 소외와 오해의 진원지에서, 자신이 가장 '자기답다고', '진짜 모습' 그대로라고 느끼기 때문이 아닐까? 말을 바꾸면, 자신의 삶의 기원, 바로 그 시원의 모습 그대로라고 느끼기 때문이 아닐까? 누군가에게 안겨 있었을 수도 있다. 사랑과 온기에 감싸여 있었을 수도 있다. 무릎이나 젖가슴 위에서 살살 흔들리며 졸고 있었을 수도 있다. 그러나 바로 그곳에서, 어떤 악의 때문이 아니라 해도, 낙인이 찍히고 상처를 받기도 했다. 실존적 소외 의식이 새겨졌다. 심지어, 어떤 의미에서는, 자신의 개인적이고 내밀한 전기(傳記)에서조차 자신은 우연적이거나 이질적 존재라는 씁쓸한 느낌을 맛보기도 했다.

바로 그 자리에서 삼손의 어머니는 '죽는 날까지'라는 무시무시한 말을 했다. 또 부모들이 가끔 무심코 자식에 관해서 내뱉는 신랄한 말을 입밖에 냈다. 부모들은 그곳에서 그의 평생의 운명을 결정지었다. 어쩌면 바로 이런 이유 때문에 그는 그곳으로 돌아가야만 한다고 느끼는 것인지도 모른다. 그곳이 그의 존재의 기초를 이루는 엄혹한 드라마가 전개된 곳이기 때문이다. 묘한 방식이기는 하지만, 삼손은 그곳에서 삶의 불길을 가장 강렬하게 느낀다. 비록 그 불이 그를 계속 태울지라도. 또 그곳에서는, 우리 모두의 내부에서는, 우리가 결국은 서로 분리되고 고립된 존재, 다른 사람들에게, 어쩌면 우리 자신에게도 신비하고 심지어 '알 수 없는' 존재, 따라서 가없이 외로운 존재라는 자기 인식의 영원한 불꽃이 서글프게 깜빡거린다.

삼손은 지쳐서 잠들어 있다. 비밀을 내준 뒤 예상치 못한 안도감이 밀려왔을지도 모른다. 이제 비밀을 방어하려고 모든 근육을 강철처럼 단단하게 굳힐 필요가 없었는지도 모른다. 그의 여행은 끝났다. 이제 그는 여느 사람과 같아질 수 있다. "나는 힘을 잃고 약해져서, 여느 사람(kechol ha-adam)처럼 될 것이오." 기억하겠지만, 조금 전 삼손은 들릴라에게 그렇게 설명했다.

"다른 **모든** 사람들처럼." 문자 그대로 새기자면 여기서 삼손은 그렇게 말했다. 그러나 전에 들릴라가 그를 묶었을 때 삼손은 두 번이나 ke'achad ha'adam, 즉 여느 사람처럼 약해질 것이라고 말했다. achad라는 말은 '하나'라는 뜻으로, 여전히 무의식적으로 자신의 개체성을 유지하기를 원한다는 느낌이 묻어난다. 그러나 이제 삼손은

사자의 꿀 159

이것도 버리고, 자신이 다른 모든 사람들처럼 될 수 있는 방법을 공개하면서, 처음으로 그 말들을 음미한다.

어쩌면 다른 모든 사람처럼 되는 것은 약해지는 것도 아니고, 병이 드는 것도 아닐지 모른다. 어쩌면 삼손이 마음 중의 마음에서 평생 바라던 것이 이것인지도 모른다. 리 골드버그의 시 〈삼손의 사랑〉도 그렇게 노래한다.

……어쩌면 그 자신도 몰랐을지 몰라
예언자이자 나실 사람의 시험을,
가장 간단한 수수께끼를,
그의 가슴속에 담긴 부서지기 쉬운 심장을.[28]

★ ★ ★

들릴라는 '사람'을 부른다. 아마 옆방에 숨어 기다리던 사람일 것이다. 그러나 잠든 삼손의 머리카락 일곱 가닥을 자른 사람은 그가 아니라 들릴라다.* 어쩌면 그녀는 삼손이 낯선 사람들에게 머리를 깎이는 수모를 약간이나마 덜어주고 싶은 것인지도 모른다. 아니, 이런 식으로 그에게 더 모욕을 주려는 것인지도 모른다. 어쩌면 이

것이 그녀의 작별 인사인지도 모른다. 이렇게 해서 그들 사이에 흐르던 강렬한 감정들을 단 하나의 행동으로 증류하여 다시 경험하는 것인지도 모른다. 수천 년이 흐른 지금도 그 행동을 하는 들릴라의 변화무쌍한 표정을 상상할 수 있다. 한 손으로는 애무를 하는 듯하고, 다른 손으로는 거세를 하는 듯한 그 표정. 어쩌면 자신의 매력을 다시 확인한 여자답게 엷은 웃음을 띠고 있을지도 모른다.

삼손의 힘은 이미 빠져나갔다. 그러나 그는 잠이 들어 있어, 아직 그것을 모른다. 그녀는 그를 비웃기 시작한다. 그녀는 네번째로 다시 소리친다. "삼손! 블레셋 사람들이 들이닥쳤어요!" 삼손은 잠에서 깨어나 생각한다. "내가 이번에도 지난번처럼 뛰쳐나가서 힘을 떨쳐야지!" 삼손은 전처럼 근육에 힘을 주지만, '주님께서 이미 자기를 떠나신 것'을 알게 된다.

방에 있던 블레셋 사람들은 곧바로 그의 두 눈을 뽑아 버린다. 무척이나 기민하고, 정열적이고, 굶주리고, 불안하던 눈이다. 탈무드의 랍비들은 이렇게 설명한다. "삼손은 자신의 눈을 따랐다. 그래서 블레셋 사람들이

---

* 앞서 제시한 사사기의 내용과는 약간 다르다.

그의 눈을 뽑아버린 것이다."[29] 그가 가사의 성문을 뽑아버렸듯이, 이번에는 그들이 그의 얼굴과 영혼의 문을 뽑아버린 것이다. 지금 삼손이 어떤 심정인지 누가 상상이나 할 수 있을까? 삼손이 괴로운 것은 눈이 뽑히는 신체적 고통 때문만은 아니었을 것이라고, 연인의 배신으로 인한 분노와 아픔 때문만은 아니었을 것이라고 추측해볼 따름이다. 그는 지금 젊은 시절 하나님의 영이 처음 내린 이후로 알지 못했던 느낌에 사로잡혀 있다. 그 거대한 힘이 사라져버린 것이다. 그의 몸은 전처럼 반응하지 않는다. 이제는 몸마저 이질적이다. 몸마저 그를 배신한 것이다.

★ ★ ★

삼손은 눈이 뽑힌 채 놋사슬에 묶여, 블레셋 사람들에게 이끌려 가사로 간다. 그곳의 감옥에서 방앗간 노예가 된다. 이제 삼손은 끝도 없이 연자맷돌을 돌리면서, 자신의 내면을 들여다보며 하루하루를 보낸다. 그는 이제 눈이 멀기 전에는 보지 못했던 것들을 보기 시작할 것이다. 그의 삶의 전체적 풍경을, 그에게 자유로운 선택이나 항의할 권리나 한 순간의 고요도 허락하지 않았던 조작된 운명을.

삼손은 특별한 비밀, 나실 사람의 영광의 왕관, 그의 근육에서만 나오는 힘보다 더 강한 초인적인 힘을 모두 빼앗긴 채, 연자맷돌을 돌리며 맴을 돈다. 삶의 석양에서 자신의 힘의 한계를 배운다. 어쩌면 '주님의 영'이라고 알려진 위압적인 질풍의 울부짖음으로부터 마침내 자유를 얻어, 자신의 진정한 본질을 알게 되었는지도 모른다. 가끔씩은 자신의 자아가 주는 소박한 느낌들, 용납할 수 있고 온전히 인간적인 누군가가 되었다는 느낌, 태어나기도 전에 납치당했던 누군가를 되찾았다는 느낌을 한껏 즐기기도 할 것이다.

(한 번도 자른 적이 없는 일곱 가닥의 긴 머리카락, 얼굴 위로 폭포처럼 흘러내리고 몸을 감싸 세상으로부터 그를 더 멀어지게 했을 것이 틀림없는 머리카락의 무게를 들릴라가 없애주었을 때 삼손은 약간의 안도감을 느꼈을지도 모른다.)

그렇게 그의 나날은 흘러간다. 그의 머리는 다시 자라기 시작하고, 그와 더불어 힘도 솟아오른다. 이야기에 따르면 삼손은 연자맷돌을 돌리는 일에 깊이 몰두해 있다.

그러나 맷돌을 돌리는 일에는 완전히 다른 측면이 있다. 헤브라이어에서 '갈다'라는 동사에는 분명한 성적인 함의가 있다. 이것은 욥기에서도 발견된다. "내 아내가 다른 남자를 위하여 갈거나, 다른 남자가 내 아내 위에 무릎을 꿇는다 해도."[30] 그 뒤에도 이 말은 천박한 이스라엘 속어로 계속 사용된다. 삼손이 마지막 나날을 보낸 과정에 관하여 오랜 세월에 걸쳐 여러 가지 전설이 생겨난 것도 이러한 연유 때문인지 모른다. 탈무드는 "모든 사람이 삼손의 아이를 갖기 위해 자기 아내를 데리고 감옥으로 갔다"[31]고 말한다. 이런 암시는 처음에는 자극적으로 느껴지지만, 곧 삼손을 종마로 만들어 그를 학대하고 모욕하는 또 하나의 수단이라는 생각이 들고 만다. 결국 우리가 여기서 알게 되는 것은 그의 삶에 내린 커다란 저주, 소외의 저주가 잔인하고 기괴하게 확장되었다는 사실이다.

어느 날 그들은 삼손을 감옥에서 꺼내 환호하는 군중 앞으로 데려간다. 블레셋 귀족들은 신들에게 큰 희생을 바치기 위해 모여 있다. 그들은 그들의 신 다곤이 삼손을 그들의 손에 넘겨준 것을 기뻐한다. 삼손은 그들 앞에 선다. 그들은 놀란 눈으로 삼손을 본다. 패배한 자임에도 그를 보면 자연의 경이라는 느낌이 든다. 그에게 승리를 거둔 다곤에게는 그만큼 더 큰 영광이 돌아간다.

블레셋 사람들은 눈으로 한껏 삼손을 즐긴 뒤, 그를 감옥에 돌려보내고 축제를 계속한다. 그러다가 술이 오르자 삼손이 다시 나와 "우리를 위해 춤을 추게 하라"고 요구한다. 그들은 삼손을 감옥에서 꺼내온다. "삼손은 그들이 보는 앞에서 춤을 추었다." 여기에서도 이 춤을 일종의 '섹스 쇼'로 해석하는 사람들이 있다. 여기서 사용된 헤브라이어 동사 letzahek이 성경에서 성적인 행위를 묘사할 때도 이따금 사용되기 때문이다.[32] 어쨌든 흥겹게 떠드는 블레셋 사람들이 모두 보는 앞에서 삼손이 모욕과 조롱을 당한 것만은 분명하다.

삼손은 술판을 벌이는 블레셋 사람들의 소리는 듣지만 아무것도 보지 못한다. '삼손이 재주부리는 것을 구경하는' 삼천 명의 남녀는 모두 블레셋 사람들이고 그만이 유일하게 이스라엘인이다. 한 소년이 그의 옆에 서서 그의 손을 잡고 안내를 하고 있다. 타고난 전사인 삼손은 즉시 기회가 왔음을 감지한다. 그는 소년에게 두 손을 양쪽 기둥에 대게 해달라고 부탁한다. "기둥을 만질 수 있는 곳에 나를 데려다다오." 삼손은 여기서 만진다는 말로 hamisheni라는 드문 표현을 사용하는데, 이것은 따뜻한 애무를 내포한 말로, 삼손이 이제 하려고 하는 일과 싸늘한 대조를 이룬다. 소년은 그의 두 손을 기둥에 올려 준다. 삼손의 손가락들은 이제 세상과 마지막 접촉을 한다. 그러나 그는 실제의 촉감으로부터 벗어나, 전에 만졌던 모든 것을 회상한다. 남자와 여자, 사자와 여우, 꿀과 밧줄과 바위, 당나귀 턱뼈, 시원한 샘물과 매춘부와 성문, 그리고 들릴라.

"주 하나님." 삼손은 비통하게 외친다. "나를 기억하여 주시기를 간절히 바랍니다. 하나님, 이번 한 번만 힘을 주시기를 간절히 바랍니다. 나의 두 눈을 뽑은 블레셋 사람들에게 단번에 원수를 갚게 하여 주십시오." 이것은 하나님이 자신을 버렸다는 것을 아는 사람, 자신이 타고난 운명과 같은 임무를 이행하는 데 비참하게 실패했다는 것을 아는 사람의 가슴을 찢는 외침이다. 이때 삼손은 하나님을 헤브라이어의 세 가지 거룩한 이름으로 부른다. 마치 그 모든 관문을 통하여 하나님의 심장으로 밀고 들어가려는 것 같다. 가장 개인적이고 내밀한 신성(神性)으로 들어갈 수 있는 문이 열리는 곳에 이르려는 것 같다. 자신이 아직 태내에 있을 때 자신을 선택하고 데려간 신, 평생 그 영으로 힘을 주었던 신에게로. 전에 에담의 바위에서 목이 말라 죽을 뻔했을 때 하나님이 응답을 해주었듯이 이번에도 기도에 응답을 해줄까? 물론 삼손은 모른다. 사실 에담의 기억보다 훨씬 더 생생하게 남아 있는 기억은 "내가 이번에도 지난번처럼 뛰쳐나가서 힘을 떨쳐야지!" 하고 혼잣말을 했으나, 들릴라가 머리카락을 깎는 바람에 힘이 빠져나간 것을 알고, 하나님이 자신을 떠난 것을 알고 당황했던 순간의 기억이다.

삼손은 불확실성, 절망, 희망이 뒤범벅된 상태에서 온힘을 다해 기둥을 잡고, 오른팔과 왼팔로 하나씩 껴안는다. '신전을 버티고 있는 가운데 두 기둥'이다. 죽음을 눈앞에 두고 있는 지금 그의 마음에 무슨 생각이 오갈까? 두 기둥을 끌어안자, 혹시 아버지와 어머니에 대한 기억이 떠올랐을까? 그와 더불어 사실상 자신은 한 번도 부모를 가져보지 못한 것이나 다름없다는 오래된, 그러나 쉴 새 없이 그를 괴롭혔던 생각이 떠올랐을까? 어쩌면 늘 자신은 한 쌍의 기둥 사이에 서서, 오직 그 둘을 어떤 이질감 없이 끌어안기를 갈망했다는 인식이 그의 머리를 꿰뚫었을까? 신전의 두 기둥, 불이 붙은 홰를 매단 여우 두 마리, 가사 성문의 두 기둥.

삼손은 헤브라이어로는 bayit에서, 즉 집 또는 가정에서 자신의 죽음을 맞이한다. 그는 태어날 때부터, 아니 태내에서부터 실질적으로 모든 가정으로부터 추방당했던 사람, 사생활 전체를 강탈당했던 사람, 자신의 가정을 가진 적이 없고 자신의 민족에게도 또는 충동에 사로잡혀 밀고들어갔던 이민족에게도 진정으로 속한 적이 없던 사람이다. 많은 여자와 잤지만 자신의 자식은 가져본 적이 없는 사람이다. 말하자면 탯줄이 양쪽 끝에서 다 잘린 사람이다. 이런 사람이 이제 두 기둥이 '버티고 있는' — 헤브라이어로는 nachon이다 — 집 한가운데 서 있다. 그러나 nachon은 '제대로 되었다'는 의미도 있다. 이 얼마나 큰 아이러니인가. 이제야 bayit nachon, 즉 제대로 된 집에 와 있다니.

"주 하나님." 눈이 먼 삼손이 외친다. "나를 기억하여 주시기를 간절히 바랍니다. 하나님, 이번 한 번만 힘을 주시기를 간절히 바랍니다……" 그는 온 힘을 다해 기둥을 잡아당긴다. 그때에야, 금이 가며 기둥이 움직일 때에야, 삼손은 그의 하나님이 결국 그를 버리지 않았다는 것을 안다. 삼손은 블레셋 통치자들과 그 안에 있던 다른 모든 사람들의 머리 위로 집을 무너뜨린다. "삼손이 죽으면서 죽인 사람이, 그가 살았을 때에 죽인 사람보다도 더 많았다." 텍스트는 그렇게 기록하고 있다. 우리가 사는 이 시대와 장소에서 보자면, 삼손이 어떤 의미에서는 최초의 자살 테러리스트라는 생각을 피할 수가 없다. 물론 그의 행동이 일어나는 상황은 이스라엘 거리의 일상적 현실에서 우리가 익숙하게 만나는 것들과 다르다. 하지만 그 행위 자체가 인간의 의식 속에 무고한 희생자들을 향한 살인과 복수의 양식, 최근 들어 완벽하게 다듬어진 양식을 심어놓았다고 볼 수도 있다.[33]

삼손은 죽은 뒤에야 진정으로 집에 가게 된다. "그의 형제와 아버지의 집안 온 친족이 내려와 그의 주검을 가지고 돌아가서, 소라와 에스다올 사이에 있는 그의 아버지 마노아의 무덤에 묻었다." 이 형제들이 나중에 그의 부모들이 낳은 진짜 '형제들'인지, 아니면 다른 친척들인지, 그것도 아니면 그냥 부족의 구성원들을 가리키는 말인지 알 도리는 없다. 그러나 이제, 이제야 넓은 범위의 가족 전체가 그의 주위에 모인 것이다. 그들은 동정심과 근심을 품고 내려와 그의 주검을 운반하여, 그가 마침내 완벽한 평화를 발견할 수 있는 곳에 묻었다.

삼손은 사라졌다. 잠시 적막이 흐른다. 그러자 옛날의

랍비들이 lefa'amo라는 말—삼손의 기적적인 힘을 가리키는 말—을 울리는 종의 이미지인 pa'amon과 연결시켜, Shekhinah, 즉 '주님의 영'이 '그의 앞에서 종처럼 계속 울렸다'[34]고 말한 것이 일리가 있다는 생각이 든다. 갑자기 주님의 영이 삼손을 흥분시키기 시작한 순간부터 울리기 시작했던 종이 침묵해버린 것 같은 느낌이 들기 때문이다. 삼손은 평생 천상의 섭리라는 손에 쥐어진 거대한 종 같았다. 이 섭리는 이 종을 자기 뜻에 따라 세게 칠 수도 있었고 작게 칠 수도 있었다. 여러 가지 음색을 묘하게 섞어 가끔 음악처럼 들리는 소리도 냈지만, 보통 귀에 거슬리는 난폭한 불협화음을 냈다. 불행한 종은 무자비한 힘에 따라 흔들렸으며, 그 딸랑거리는 소리는 단 부족의 도시부터 블레셋의 도시까지 울려 퍼졌다.

그러나 삼손은 죽기 전에, 기억, 신화, 예술에 새겨진 바로 그 순간에, 신전을 지탱하는 두 기둥을 끌어안고 기둥을, 집을, 블레셋을, 자신을 무너뜨렸다. 삼손이 놀라운 일을 할 때는 늘 그랬듯이, 이 마지막 한순간에도 예리한 통찰을 드러내는 한마디 말로 모든 것이 요약된다. 나의 영혼이 늘 살았던 것처럼 죽게 해주십시오. 다른 영혼과 멀리 떨어진 채로, 혼자, 쉼 없이 나의 영혼을 해치려 들고, 조롱하려 들고, 배신하려 들었던 외국인들 사이에서 죽게 해주십시오. 나의 영혼이 블레셋 사람들과 함께 죽게 해주십시오.

| 주 |

1) 물론 성경은 삼손의 이야기를 '성격의 드라마'라기보다는 '운명의 드라마'로 제시한다. 그럼에도 이 이야기의 등장인물들, 특히 삼손이 그려지는 방식 때문에 현대의 독자들, 즉 우리 자신의 시대의 특질과 감수성으로 무장한 독자들은 '운명'과 '성격'의 충돌과 상호작용에 이끌릴 수밖에 없다. 실제로 이야기가 전개되어나가면서, 그가 자신에게 주어진 운명을 깨닫지 못한 것은 그의 성격 때문임이 드러난다고 볼 수도 있다.

2) Vladimir (Ze'ev) Jabotinsky(1880~1940)는 러시아 태생의 시온주의 지도자로, 그의 소설 『나실 사람 삼손 Samson the Nazarite』은 러시아의 시온주의 잡지 『라츠베트 Razsvet』에 1926년 1월부터 연재되어 그해 책으로 출간되었고, 1927년에 독어로, 1930년에 영어로 번역되었다. 이 소설이 세실 B. 드밀의 1949년 영화 〈삼손과 데릴라〉의 원작이다.

3) Babylonian Talmud(BT), Tractate Berachot 61a.

4) 헤브라이 대학의 야이르 자코비치(Yair Zakovitch) 교수는 그의 책 『삼손의 삶 The Life of Samson』에서 마노아가 여기서 자신의 아내를 '여자'라고 부른다고 지적한다. 어쩌면 의심에

서 나왔을 수도 있는 거리감을 내포한 말이라는 것이다. 아내 하와의 유혹 때문에 선악과를 먹게 된 뒤 그녀에게 거리감을 느끼게 된 아담은 하나님에게 말한다. "하나님께서 저와 함께 살라고 짝 지어주신 여자, 그 여자가 그 나무의 열매를 저에게 주기에, 제가 그것을 먹었습니다"(Zakovitch, *Hayei Shimshon* 'The Life of Samson', [Hebrew: Jerusalem, 1982], p.49). 이와 관련하여 유대계 로마인 역사가인 요세푸스 플라비우스 (Josephus Flavius)는 기념비적인 저작 『유대 고대사*Jewish Antiquities*』(V:276)에서 마노아가 "아내를 미친 듯이 사랑하였기 때문에 질투심이 대단히 강했다"고 말한 점에 주목하자. H. St. J. Thackeray and Ralph Marcus 역(Cambridge and London, 1958), Vol. V, p.125.

5) Zakovitch(p.70)는 성경이 삼손이라는 이름의 유래를 밝히지 않는다는 점을 지적하면서, 이것이 성경의 주요한 인물에게는 드문 일이라고 말한다. 그는 성경의 서술자가 삼손을 이교도적 함의가 강한 태양과 연결시키는 것을 피하려 했다고 주장한다.

6) BT Sotah 10a.

7) Josephus Flavius, *Jewish Antiquities* V:285. Thackeray and Marcus 역, Vol. V, p.129.

8) BT Sotah 10a.

9) Jerusalem Talmud, Sotah 7b.

10) Zohar I:194a.

11) 유대교 자료에는 나실 사람에 대한 양면적 태도가 엿보인다. 이것을 아무나 이를 수 없는 위대한 영적 고양의 상태로 보는

사람들이 있다. 예컨대 예언자 아모스는 이렇게 말했다. "또 너희의 자손 가운데서 예언자가 나오게 하고, 너희의 젊은이들 가운데서 나실 사람이 나오게 하였다"(아모스 2:11). 탈무드의 랍비 엘레아제르(Eleazer)도 이런 입장이다. 그러나 극도의 금욕과 고립을 죄로 보는 사람들도 있었다. 엘레아자르 하카파르(Eleazar Hakappar)와 사무엘(Samuel) 같은 랍비들이 그런 예다(BT Ta'anit 11a 참조).

12) 사무엘 상 13:19.

13) 이런 맥락에서 고고학자 이가엘 야딘(Yigael Yadin)의 가설을 언급하는 것도 흥미로울 것이다. 그는 단(Dan) 지파가 Danai라고 알려진 바닷사람들과 밀접한 관계가 있을 가능성을 제기한다. 그래서 단을 이스라엘 부족 가운데 하나로 포함시키는 것이 문제가 되었을 정도라는 것이다. Issac Avishur, 'Dan', *Encyclopedia Judaica* 5: 1255~9와 Yigael Yadin, 'And Dan, why did he remain in ships?', *Australian Journal of Biblical Archaeology*, 1(1968): 9~23.

14) 창세기 49: 16, 18.

15) 열왕기 상 10:27.

16) 19세기의 랍비이자 학자인 말빔(Malbim)은 사사기 주석에 이렇게 썼다. "아마 이때는 포도 수확철이었던 것 같다. 포도밭을 통과하는 길에 이르자 삼손은 방향을 틀었다. '나실 사람에게 말하노니, 돌아가라, 포도밭 근처에 가지 마라' (는 고대의 격언)에 따른 것이다."

17) 물론 벌은 냄새를 아주 잘 맡기 때문에 썩어가는 주검에 자리를

잡았을 가능성은 많지 않다. 그러나 나중에, 악취가 가시고 해골만 남은 뒤에는 그럴 수 있을 것이다. 이 점도 삼손이 사자와 싸우고 나서 다시 딤나로 돌아갈 때까지 1년 정도의 세월이 흘렀을 것이라는 추측을 뒷받침해준다. Haim Shmueli, *Hidat Shimshon*('Samson's Riddle' [Hebrew: Tel Aviv, 1964]), p.58.
18) 영국계 유대인 작가 린다 그란트(Linda Grant)는 「나쁜 행동을 하는 유대인Jews behaving badly」이라는 제목의 글에서 삼손과 프라하의 골렘을 연결시킨다. 유대인들의 전설에 따르면 골렘은 마하랄(Maharal)이라고도 알려진 16세기 프라하의 랍비 유다 로에브(Judah Loew)가 만들었다. 마하랄은 진흙으로 골렘을 만들어 유대인의 적과 싸우게 했다. 마하랄이 이 피조물의 입에 감히 말로 할 수 없는 하나님의 이름을 적은 종이를 집어넣으면, 골렘은 생명을 얻어 랍비가 시키는 대로 했다. 만일 삼손과 골렘 사이의 이런 유사성을 계속 밀고나간다면, 하나님의 이름이 적힌 종이가 삼손에게 활력을 불어넣었던 '주님의 영'의 구체적인 표현물이라고 볼 수도 있다. Linda Grant, 'Jews behaving badly: Samson, Sharon, and other "tought Jews"', *Jewish Quarterly* 49, 2(Summer 2002): 48~52 참조.
19) 창세기 2:24.
20) 삼손이 여자들에게 배신을 당하고 싶다는 강박적인 요구에 사로잡혀 있었다는 생각은 이스라엘의 정신과의사 일란 쿠츠(Ilan Kutz)가 「삼손의 콤플렉스 Samson's complex」라는

글에서 제기하고 탐사했다. 그는 이 글에서 성경에 나오는 삼손의 '행동 장애'—그의 표현이다—를 분석한다. 쿠츠에 따르면 이런 장애의 핵심은 "여자에게 배신을 당하는 경험을 재연하고, 이를 근거로 다른 사람들, 그리고 궁극적으로 자신의 고통받는 자아를 상대로 분노에 찬 파괴적인 행동을 하는 것이다." 쿠츠는 삼손의 심리적인 병의 근원이 어머니의 문제 있는 행동에 있음을 강조한다. "이 신원 미상의 낯선 사람을 하나님의 사자로 인정하든 말든, 삼손의 출생 정황을 둘러싼 소문과 수군거림이 있었다고 짐작할 수 있다. 어쩌면……삼손은 어린 시절에 어머니의 의문의 행동 또는 불확실한 친부 문제와 관련하여 깊은 수치감에 사로잡혀 지냈는지도 모른다." Ilan Kutz, 'Samson's complex: The compulsion to re-enact betrayal and rage', *British Journal of Medical Psychology*, 62(1989): 123~134.

21) Rainer Maria Rilke, *Letters to a Young Poet*, Stephen Mitchell 역(New York, 1986), p.40.

22) 역대기 하 11:6 참조.

23) 물론 가사 시에는 오늘날까지 '삼손의 무덤'이라고 알려져 있는 언덕이 있기는 하다.

24) 세계의 예술과 문화에서 삼손을 표현한 작품들에 관한 포괄적인 조사는 다음 책에서 확인할 수 있다. David Fishelov, *Mahlafot Shimshon*('Samson's Locks' [Hebrew: Jerusalem, 2000]).

25) Kutz, 'Samson's complex', n.20 참조.

26) 일란 쿠츠(Ilan Kutz)는 삼손의 죽음의 소망에 초점을 맞추어, 이 장면을 암묵적인 자살 계약으로 해석한다. "삼손과 들릴라 모두 이 죽음의 무도에 참여하고 있다. 들릴라가 배신의 치명적인 무도장에서 삼손을 의식적으로 이끄는 반면, 삼손은 자살의 무도에서 무의식적으로 들릴라를 조종하고 있다. 삼손이 들릴라에게 사랑하는 동시에 배신하는 처형자의 역할을 맡기기 전에 그녀를 꼼꼼하게 여러 차례 시험해보았다고 추측해볼 수도 있다. 들릴라가 결정적인 상황을 맞이하기 전에 삼손을 세 번 배신한 것은 삼손이 그녀에게 진짜 일을 맡기기 전에 시험 가동해본 과정이라고 볼 수 있다는 것이다." (Kutz, 'Samson's complex', p.130).
27) BT Sotah 9b.
28) Lea Goldberg, 'Samson's love', in the collection *Barak Ba-Boker*('Lightning in the Morning' [Hebrew: Merhavia, Israel, 1957]), p.112. 골드버그(1911~1970)는 헤브라이의 중요한 모더니스트 시인이다.
29) BT Sotah 9b.
30) 욥기 31:10.
31) BT Sotah 10a.
32) 한 예로 보디발의 부인이 요셉을 비난하는 대목을 들 수 있다. "여인은……집에서 일하는 종들을 불러다가 말하였다. "이것 좀 보아라. 주인이 우리를 웃음거리로 만들려고"—letzahek banu—"이 히브리 녀석을 데려다놓았구나. 그가 나를 욕보이려고 달려들기에……"(창세기 39:14).

33) 10세기 바빌로니아 유대인의 지도자였던 랍비 사아디아 가온(Saadiah Gaon)은 『교리와 의견의 책 *The Book of Beliefs and Opinions*』에서 복수의 욕망이 그 피해자만이 아니라 복수하는 사람의 영혼에도 주는 심각한 영향에 대해 이야기했다. 사아디아는 삼손의 마지막 행동을 매우 극단적이고 파괴적인 복수의 예로 든다. 그러나 다른 랍비의 글에서는 삼손의 마지막 복수를 비난하는 말을 찾기 힘들다. 이따금 그의 호전적인 행동을 비난하는 대목만이 눈에 띌 뿐이다. Saadiah Gaon, *The Book of Beliefs and Opinions*, Treatise 10, Chapter 13. Samuel Rosenblatt 역(New Haven, 1948), pp. 390~392.
34) BT Sotah 96.

옮긴이의 말

 데이비드 그로스먼의 『사자의 꿀』은 성경에 나오는 유대의 영웅 삼손에 관한 이야기다. 그러나 원래의 삼손 이야기만큼이나, 아니 그 이상으로 재미있다. 이 재미를 만끽하는 가장 좋은 방법은 역시 저자가 안내하는 대로 성경 사사기에서 원래의 삼손 이야기를 먼저 읽어보는 것이다(이 책의 맨 앞에 실려 있다). 그리고 혼자 상상을 해보는 것이다— 이 대목에서 마노아는, 삼손은, 들릴라는 왜 이렇게 행동했을까?

 성경은 등장인물의 행동을 묘사할 뿐, 그 행동의 동기, 특히 내면의 동기를 설명하는 일은 드물다. 아마 등장인물들이 움직이는 말판 전체를 굽어보는 가장 중요한 등장인물, 즉 하나님의 동기를 설명하느라 바빠서 그럴 것이다. 또는 하나님의 동기가 너무도 분명하기 때문에, 다른 자잘한 동기를 설명하는 데는 흥미를 잃었는지도 모른다. 그런 연유로 성경은 행간이 아주 깊다. 물론 하나님의 동기라는 다리를 밟고 그 심연을 건너갈 수도 있겠지만, 다리를 치우는 순간 우리는 그 아찔한 깊이에 공포와 흥분이 교차하는 것을 느끼게 된다. 이제부터 그 심연을 등장인물의 동기로 메우고, 내 다리로, 인간의 다리로 그것을 하나하나 건너가야 하기 때문이다. 어떤 사람들은 이것을 일종의 해석이라고 부를지도 모르며, 성경이라는 엄청난 심연을 감춘 텍스트 때문에 유대교나 기독교를 믿는 사람들이 주석과 해석에 그렇게 심취해 있는지도 모른다.

이스라엘 작가인 그로스먼 역시 수천 년 유대교 해석학의 전통을 등에 업고 있을 것이다. 또한 성경에서 사용된 언어의 어감에도 누구보다 친숙할 것이다. 다른 무엇보다도 삼손은 그에게 어렸을 때부터 매우 친숙한 인물이었을 것이고, 어쩌면 상당 기간 동일시할 수밖에 없었던 인물, 역할 모델로 삼았던 인물일지도 모른다. 따라서 그로스먼은 그 심연들을 건너는 데 우리보다 월등하게 유리한 입장에 있다고 볼 수 있다. 아마 실제로도 그럴 것이다. 이런 그로스먼의 해석을 앞서 성경 텍스트를 잘게 씹어보며 상상했던 자신의 해석과 비교해보는 것이 물론 이 책을 읽는 큰 재미다.

그러나 이 책이 진짜로 재미있는 이유는 그로스먼이 방금 말했던 우월한 조건의 티를 내며 우리를 가르치려 들지 않기 때문이다. 마치 삼손이 스스로 머리를 자르고 같은 입장에서 한판 붙어보자고 초대하는 듯한 느낌이다. 그로스먼은 오로지 상상의 힘과 인간을 이해하는 깊이만을 가지고 눈앞에 늘어선 이 심연들을 한번 건너보자고, 같은 시기를 살아가는 현대인으로서 같은 발판 위에 서서 함께 심연들을 메워보자고 권유한다. 그 권유를 받아들여 그로스먼과 대화를 나누며 수천 년 전의 신화적 인물 삼손의 삶의 행간을 메우다 보면, 그 심연을 일상으로—또는 그 반대로—바꾸는 그의 문학적 상상력에 경의를 표할 수밖에 없게 된다. 나아가 삼손을 해석하는 것이 곧 나 자신의 행간을 해석하는 것임을 깨닫게 된다. 물론 이것이 그로스먼의 이야기에서 얻는 재미의 핵심임은 말할 필요도 없을 것이다.

2006년 여름, 정영목

옮긴이 **정영목**
서울대 영문과를 졸업하고, 동대학원을 수료했다. 전문번역가로 활동하고 있으며, 현재 이화여대 통번역대학원 겸임교수로 재직중이다. 옮긴 책으로 『신의 가면: 서양신화』 『파인만에게 길을 묻다』 『하느님이 여자였던 시절』 『목수들아 대들보를 높이 올려라』 『서재 결혼시키기』 『왜 나는 너를 사랑하는가』 『여행의 기술』 등이 있다.

세계신화총서 5
사자의 꿀

초판인쇄	2006년 8월 1일
초판발행	2006년 8월 10일

지은이	데이비드 그로스먼
옮긴이	정영목
펴낸이	강병선
책임편집	이현자
펴낸곳	(주)문학동네
출판등록	1993년 10월 22일 제406-2003-000045호

주소	413-756 경기도 파주시 교하읍 문발리 파주출판도시 513-8
전자우편	editor@munhak.com
전화번호	031) 955-8888
팩스	031) 955-8855

ISBN 89-546-0171-5 (04210)
      89-546-0048-4 (세트)

www.munhak.com